AF484054

Caminando Contigo

Dios en mi vida cotidiana

Rodolfo Mora Murillo

Caminando Contigo

Dios en mi vida cotidiana

Rodolfo Mora Murillo

Copyright © 2015 Ediciones Profesionales Cristianas
Villegas 4677. B1874AOM Villa Dominico.
Buenos Aires. Argentina. 2069-9459

Ediciones Profesionales Cristianas existe para expresar la multiforme sabiduría de Dios que se manifiesta a través de su pueblo, dar gloria al Nombre de Jesucristo, y ser un canal de su reino a través de la palabra impresa.

Edición: Abel Riera

Diseño de tapa: Florencia Perpetua

Ninguna parte de esta publicación puede ser reproducida, almacenada o transmitida de manera alguna, por medio electrónico, químico, mecánico, óptico, de fotografía o grabación, sin permiso previo de Ediciones Profesionales Cristianas. Queda hecho el depósito que marca la ley 11.723.

Todos los derechos reservados. (All rights reserved)

Impreso en Argentina / *Printed in Argentina*

Mora Murillo, Rodolfo Antonio
  Caminando contigo : Dios en mi vida cotidiana /
  Rodolfo Antonio Mora Murillo ; editado por Abel Riera.
  -1a ed.– Avellaneda: Ediciones Profesionales Cristianas,
  2020.
  216 p. ; 21 x 15 cm.

ISBN 978-987-47551-4-8

1. Espiritualidad Cristiana. 2. Crecimiento Espiritual.
I. Riera, Abel, ed. II. Título.
CDD 248.46

Agradecimientos

No puedo creerlo, hoy doy gracias a mi Dios y Padre por este primer proyecto, que no estaba en mis planes, pero sí en su mente y corazón, un proyecto que hoy está desafiando y ordenando las prioridades de mi corazón.

Primero que todo agradezco a ese Padre que todas las personas tenemos, a ese Dios que visualizo con un paquete de bendiciones para cada hija e hijo. Bendiciones particulares y diseñadas especialmente para cada persona. A mi Dios, no tengo nada que reclamar, Él es bueno siempre, es el mismo siempre, en todo momento y circunstancia es el mismo, y su amor nos acompaña y rodea siempre.

A mi esposa, Andrea, doy gracias porque ha sido una maravillosa compañera de vida, de aventuras. Me ha visto sonreír, llorar, frustrado, y Dios ha puesto palabras en su boca que me han reconfortado e impulsado a seguir.

A mis amados hijos, Rodolfo José y Esteban, son más valiosos que cualquier joya, los llevo en mi alma, son el mayor regalo de Dios, no tengo palabras para agradecer el amor y cariño de ustedes. Cuando más necesité de su amor, lo recibí sin reparos, y me fortaleció... gracias.

A mi madre y padre, les amo, me han demostrado que su amor hacia mí es incondicional, han estado y siempre estarán para amarme y ayudarme a seguir adelante. Gracias por sus oraciones y gestos de amor incondicional.

Agradezco a mis compañeros del grupo de terapia de Doce pasos para personas codependientes. Compartimos nuestro dolor, impotencia, desesperanza, desnudamos nuestras almas y acuerpamos para seguir adelante.

Alex Grant, Dios te ha puesto en mi vida en momentos claves, me viste quebrado y sin saber siquiera quién era yo, no es coincidencia que en los circunstancias más dolorosas de mi vida hayas estado ahí; gracias, y éste proyecto se debió en gran medida a ese impulso que me diste de llevarlo a cabo.

También doy a gracias a Dios por la comunidad de fe a la que asisto, Comunidad Pas (La Comu). He crecido, comencé a servir después de muchos años, he sentido el cariño de las personas, ha sido hermoso y gratificante ser parte de La Comu. Él es sabio y sabe lo que me conviene, llegué ahí en el momento indicado.

No quiero dejar de lado a Ediciones Profesionales Cristianas en la persona de Abel Riera, agradezco que hayan creído en este proyecto. Que nuestro soberano Dios les siga bendiciendo para que puedan continuar siendo puente de bendición hacia las personas.

Contenido

Prólogo

La vida del ser humano está muy llena de viajes y aventuras. Algunas de esas travesías son planeadas, mientras que muchas otras son inesperadas y desafiantes. Todas suelen dejarnos aprendizajes y nuevos descubrimientos. Sin embargo, el más importante de esos viajes es el que hacemos a nuestro interior de la mano de nuestro Creador. "Caminando Contigo" es ese singular viaje de mi amigo y hermano Rodolfo Mora.

Estoy convencido que tomar la decisión de abrirle el corazón a Dios, es el paso más trascendental e importante que todo hombre debe tomar en esta vida... además de elegir una compañera y una vocación u oficio al cual dedicarse. Afirmo esto sin temor a equivocarme, porque fuimos hechos para tener comunión con Él. Charles Spurgeon, el predicador inglés, aseguraba que el corazón humano tiene un vacío que sólo Dios puede llenar.

Cuando nos vinculamos con Dios, con nuestro prójimo y con nosotros mismos, algo extraordinario sucede. Y este libro va a traerles revelación de lo que acontece cuando un hijo se reconecta con su Padre Celestial.

El aprendizaje y el cambio solamente suceden fuera de nuestra zona de confort. Y Dios es experto en estirarnos e impulsarnos como flechas, para que emprendamos nuestro viaje "al infinito y más allá", en palabras de Buzz Lightyear, en Toy Story. A veces ese vuelo va acompañado de algunos tropiezos y golpes, antes de dar en el blanco. Sucede que se vuelve necesario recibir algunos golpes y pérdidas en la vida, para ser moldeados como vasijas, y que nuestros ojos espirituales sean abiertos para ver más allá de lo aparente y natural. Y debo confesar que a veces, como mentor y guía de hombres como Rodolfo, me ha tocado ser cómplice del Padre para incomodar a aquellos que -por sus esquemas racionales, han habitado en gavetas cuadradas creyendo que lo tienen todo descifrado y resuelto.

Rodolfo y yo estábamos predestinados a conocernos (y no quiero desatar una controversia teológica con esa afirmación)... pero sucede que nuestros padres también se conocieron cuando el padre de este autor también fue alumno del mío, quien hoy es un profesor de inglés ya jubilado. Ese sería un presagio de la relación que con el tiempo constituiríamos en grupo de apoyo para varones codependientes, como un punto de partida para revisar y replantear nuestras relaciones, roles e identidad.

Es para mí un gran orgullo escribir estas líneas de introducción y felicitación a Don Rodolfo Antonio Mora Murillo por ser valiente y creerme cuando le dije: "tienes el don de ser maestro y quizás deberías considerar escribir un día". Ese día ha llegado, y sospecho que esta ópera prima será solo el inicio de más obras. Caballero, eres como un hijo del corazón para mí, y creo que nuestro Padre en los cielos se goza al ver tu pluma fluir. Que se repita muchas veces más.

Willroy Alexander Grant Young
Consejero Familiar y Motivador

Palabras del Editor

Rodolfo Antonio Mora Murillo nos lleva de la mano en un viaje personal espiritual que brinda elementos y pistas valiosos para todo lector. Escribiendo con una sencillez candorosa, lo acompañamos en una travesía que transita desde la **Religión** a la *fe*, desde la **Invulnerabilidad** a la *vulnerabilidad y la dependencia*, y desde la **Culpa** al *perdón*.

¡Cualquiera de estos caminos por sí solo vale el intento, el boleto del viaje! Todos estos viajes simultáneos tienen puntos mágicos en común y compañías invalorables; etapas, bisagras, cambios de vías en estaciones cruciales. Como hay en todas las vidas. Algunos de estos *puntos brillantes* son: **Dios**, el **Centro de su corazón**, donde ha colocado a Dios, y ahora se transforma en un *lugar orientador*, el foco de una nueva visión de la vida.

Porque se trata siempre de un camino de conversión, las escalas, los encuentros, suceden o dan comienzo a desandar caminos errados. Pero esto se hace sin pena, porque *¡la esperanza abrigada es siempre superior!*

Se perciben compañías valiosas, milagrosas y transformadoras: que Dios mismo salga a correr contigo es un acto redentor. Dios el Padre, siempre dispondrá de un *amigo* o un *consejero* oportuno... Y cuando no haya nadie, se gozará de hablarte personalmente en la soledad.

Luego, nos detendremos en la Espera... siempre la espera en la vida... Pero resulta que Dios mismo puede usarla... Para luego retomar una última, imprescindible etapa del viaje, De la Culpa hacia el perdón.

Varios boletos en uno... un libro sencillo y fresco para leer en libertad del espíritu, darse permiso para comenzar a *conocer a Dios*, o para *conocerlo de modos nuevos*.

Abel Riera, El Editor

Me presento

Mi nombre es Rodolfo Antonio Mora Murillo. No soy un líder religioso, no soy un teólogo, ni un predicador; simplemente soy alguien que desea tener una relación cercana y personal con papá Dios, y a través de los siguientes textos contar de mi experiencia con Él.

Soy una persona codependiente en recuperación; cuando llegó el momento en que los planes sobre los cuales había fundamentado mi vida y felicidad se estaban derrumbando, no tuve más alternativa que volverme a Dios en busca de su sostén y consuelo; en ese momento pensaba que era mi única opción, por lo que corrí como un niño indefenso y asustado hacia Él, en busca de refugio y ayuda. Me parece que ese pensamiento fue el más acertado que tuve en mis 39 años de vida.

Doy gracias a Dios, porque en el transcurso de mi crisis pude reconocer que todos mis planes -que según yo me guiarían a la felicidad, se habían salido de mi control, y pude iniciar la terapia de grupo "Doce Pasos Para Personas Codependientes".

Me resultó difícil el inicio, sentarme ante varios varones desconocidos, y hacer lo que nunca había querido: empezar a abrirme hacia otras personas, mostrar mis falencias, mis limitaciones, hablar de mis errores y de mis virtudes.

Fueron varios meses donde conviví con el dolor mismo, que al fin comenzaba a sentir y expresar; empecé a llorar después de varios **quinquenios** sin derramar una lágrima. Pero aún en ese tiempo pude sentir el amor de muchos: gente que me brindó la mano, me dio un abrazo, personas que me dijeron palabras de aliento, y un Dios Padre que nunca me abandonó, siempre estuvo junto a mí.

Fue a partir de la terapia de Doce Pasos que pude acercarme a Dios en forma distinta a como lo venía haciendo durante años. Pude comenzar con el Creador de todo, una relación personal con un vínculo emocional. Me permití comenzar a conocerlo, creerle, e involucrarlo en mis actividades cotidianas, así como lo podría hacer con cualquier otra persona. Para hacer esto no me fue necesario realizar algún tipo de ritual, procedimiento, asistir a institutos teológicos; de hecho, mientras corría haciendo ejercicio, era cuando más intimidad sentía con Dios, en ocasiones hasta lloraba.

He llegado a la conclusión de que la vida de nadie es fácil; a nadie le calzan los zapatos de lo vivido por otros, como para emitir el juicio y sentenciar que lo experimentado por alguien es simple. Solo Dios conoce los períodos de alegría y dolor de cada quien, y solo Él es capaz de completarnos como personas; así como mi carácter y actitud determinarán si deseo vivir aprendiendo y mirando lo bueno, o vivir quejándome, sin mejorar integralmente, y mirando lo malo.

A través de lo que escribo, deseo compartir mis vivencias con Dios a partir de la terapia de Doce Pasos, que fue el punto de partida de mi despertar emocional y espiritual. Desde que finalicé la terapia al momento que escribí el primer texto, pasaron como dos años; tiempo en el cual me comprometí más con Dios y conmigo mismo, así como aún asimilaba lo vivido durante el tiempo que estuve asistiendo al grupo de apoyo. Entre cada tema que escribo, en muchos casos pasaron semanas o incluso más de un mes; mientras, meditaba, digería y conversaba con Dios al respecto.

Lo hermoso es que muchas veces, durante ese proceso de comprender y que se hiciera vida en mi vida, el Padre me confirmaba o terminaba de enseñarme por medio de algún mensaje que coincidía con lo que estaba viviendo, o alguna canción que me salía en las sugerencias de una red social de videos.

A mis 39 años, como el águila, tenía que tomar la decisión de "cambiar mi plumaje, quitarme las garras y el pico" para renovarme y vivir, o quedarme a morir como estaba, emocional y espiritualmente. Decidí vivir de la mano del Padre.

Dios, el futuro y yo

1 Pedro 5:6-7 Nueva Traducción Viviente (NTV)

6 Así que humíllense ante el gran poder de Dios y, a su debido tiempo, él los levantará con honor.
7 Pongan todas sus preocupaciones y ansiedades en las manos de Dios, porque él cuida de ustedes.

Proverbios 16:9 Nueva Traducción Viviente (NTV)

Podemos hacer nuestros planes, pero el Señor determina nuestros pasos.

Salmos 37:5 Nueva Traducción Viviente (NTV)

Entrega al Señor todo lo que haces; confía en él, y él te ayudará.

No me cabe duda que Dios es el Padre a seguir como ejemplo. Cuántas veces, al dirigirnos a una niña o un niño, y en mi caso particular a mis hijos, he tenido que usar un lenguaje más simple e ilustrar con ejemplos para poder darme a entender, y lograr que ellos puedan comprender lo que deseo enseñarles. Así mi Padre hizo conmigo; como sabe que me apasionan los temas de mercadeo y estrategia, me habló sobre el control por medio de un libro escrito por uno de mis dos autores preferidos en las áreas mencionadas.

Para mí fue sorprendente cómo Dios puede usar el texto de un libro de mercadeo para hablarme, y lo llamé la parábola de la planificación. De hecho, planificar mi vida a largo plazo no me ha servido para nada; Dios se ha encargado de «desordenarme» la vida, especialmente con todo aquello que le quitaba su lugar de Dios y Señor en mi corazón. Yo no podía concebir mi vida ni la de nadie sin planificar, creía que eso conllevaría a un gran desorden. ¿Saben qué? Me equivoqué por completo; al menos para mí no funcionó, porque me enfoqué en mis planes, y no en mi relación con Dios ni con otras personas; no confié en el Padre y me creí suficientemente hábil y sabio para controlarlo todo.

Planificar y estructurar la vida realmente es cansador, lleva hasta la obsesión por querer controlar todo el universo para que el plan siga al pie de la letra, y cuando algo no sale bien, vienen la frustración, desesperación, tristeza, y hasta reclamos sin sentido a Dios y a otras personas. Puede llevar hasta a desconectarse de uno mismo, con tal que el plan se cumpla según lo planificado.

Pero lo único que puedo controlar en mi vida y en este universo es lo que pienso, lo que siento y mis acciones, tan solo eso. Así que el pasado pasó; me servirá de aprendizaje para vivir hoy, disfrutar hoy, construir hoy, porque el mañana será consecuencia de hoy.

¿Y de la planificación a largo plazo?... solo Dios sabrá; Él sí puede controlar todo, conoce lo mejor para mí, y como no puedo controlar los hilos del universo para que todo salga según lo planeado por mí, tengo que aprender a confiar y depender del Padre.

Mi socorro

Salmo 121   Nueva Traducción Viviente (NTV)

[1] Levanto la vista hacia las montañas, ¿viene de allí mi ayuda?
[2] ¡Mi ayuda viene del Señor, quien hizo el cielo y la tierra!

Socorro: Sustantivo masculino,

Ayuda que se otorga a alguien en una situación de peligro o dificultad: " Pedía socorro desde la ventana del edificio en llamas."

Aquello que sirve de ayuda en este tipo de situaciones: "Enviaron medicamentos de socorro a las poblaciones afectadas por la inundación." [1]

Ayuda: Sustantivo femenino,

Acción y efecto de auxiliar o socorrer a alguien: "Los inmigrantes crearon una sociedad de ayuda mutua."

Persona o cosa que apoya y auxilia: "El curso fue de gran ayuda. Sociología: Alimentos y medicamentos que se envían a personas en emergencia. "Llegó la ayuda humanitaria al pueblo inundado." [2]

---

[1] https://es.thefreedictionary.com
[2] En el mismo lugar.

Este versículo me impactó desde hace alrededor de quince años; me parece que el salmista tenía muy claro en su entendimiento y vivir quién estaba de su lado: nada más y nada menos que el Creador de los cielos y la tierra. Guardando las distancias, cuando el equipo de baloncesto de los Chicago Bulls tenía a Michael Jordan, la gente decía que tenían ventaja: "ganan porque tienen a Jordan". En el Campeonato Mundial de fútbol México 86, Argentina tenía que ganar la copa, porque jugaba Maradona.[3]

El salmista tenía clarísimo que quien creó el universo tan solo con decir la palabra, el mismo que para crearnos a nosotros usó sus manos, estaba con él; y que entonces, él saldría adelante: era consciente de que tenía la gran ventaja y la dicha de que Dios, el Rey de reyes, estaba de su lado.

Algunas traducciones bíblicas usan la palabra "socorro", y otras "ayuda", pero aunque me gusta un poco más la palabra "socorro", ambas denotan que como personas somos débiles, tenemos limitaciones, no tenemos la capacidad de controlar todo.

____

[3] En la antigüedad, los pueblos adoraban a los dioses en las montañas; por eso ante guerras o calamidades, esperaban que sus dioses descendieran y los ayudaran. La ayuda del Señor es superior: Él hizo los cielos y la tierra.

Tan solo Dios tiene esa capacidad.

Cuando pido el socorro/la ayuda del Señor es porque estoy reconociendo mis limitaciones; y cuando soy consciente de mi falta de fuerzas, ante el clamor y reconocimiento de mis debilidades y limitaciones, es cuando Dios se complace en mostrar su poder e ir de delante de mí como un Poderoso Gigante abriéndome el camino, quitando montañas, separando el mar, deteniendo ríos, haciendo fluir agua de una roca, suspendiendo el tiempo; **todo**, con tal que yo pueda avanzar.

También me parece que hay una particularidad interesante, ya que el salmista se ve a sí mismo como en una planicie, herido y expuesto. En aspectos militares, esto representa una desventaja ante las personas que están en lugares altos o montañas; por lo tanto, está claro que Dios siempre tiene la ventaja en cualquier batalla. Él está en lo alto, observando por completo toda la zona de guerra, viendo todo lo que sucede, y siempre sabrá tomar la mejor decisión, no solo para rescatarnos, sino para brindarnos la victoria.

El salmista continúa escribiendo sobre su vivencia, y manifiesta que Dios siempre nos cuida, que no se duerme con tal de estar pendiente de nosotros; que está a nuestro lado como una sombra que no se despega, y como Él es la Luz, si estamos a su lado, esa sombra nunca se desvanecerá.

Para Dios somos sus hijos, sus niños y niñas; como perfecto Padre que es, siempre está al cuidado de nosotros como nadie. Todos los seres humanos somos imperfectos y nos equivocamos, pero Dios, el Padre lleno de amor, no falla, y si nos sometemos bajo su cuidado siempre estaremos protegidos y nos guardará de todo mal.

Corazón agradecido y fiel

Habacuc 3: 17 al 19   Nueva Traducción Viviente (NTV)

¹⁷ Aunque las higueras no florezcan y no haya uvas en las vides, aunque se pierda la cosecha de oliva y los campos queden vacíos y no den fruto, aunque los rebaños mueran en los campos y los establos estén vacíos, ¹⁸ ¡aun así me alegraré en el Señor! ¡Me gozaré en el Dios de mi salvación! ¹⁹ ¡El Señor Soberano es mi fuerza! Él me da pie firme como al venado, capaz de pisar sobre las alturas.

Este ha sido unos de los pasajes que más me han impactado. Desde la primera vez que lo leí, me ha hecho reflexionar y confesar al Padre que deseo tener un corazón con esa capacidad de fidelidad y agradecimiento incondicional hacia Él... Sin queja, sin depender de los buenos momentos o de riquezas para agradecerle y amarle con sinceridad y poder disfrutar de la persona quien Él es.

No es fácil estar en una situación dificultosa, ante la cual probablemente nos hemos desgastado hasta el agotamiento, y no quejarse al no poder lograr los resultados que queremos; esto hace parecer las dificultades insuperables, probablemente porque sí lo son para nosotros.

Creo que todos nos hemos quejado ante el Padre o alguna otra persona, en circunstancias difíciles; pero al fin y al cabo, el mismo Jesús nos avisó que tendríamos aflicción, pero nos dijo que no temamos, porque *Él siempre estará con nosotros*. Mi pensamiento es que la queja nos excusa de evadir nuestras responsabilidades, y no asumir las consecuencias de nuestras acciones.

En el periodo en que fue escrito el libro de Habacuc, el pueblo de Judá había sido conquistado por Nabucodonosor (rey de Babilonia), por no hacer lo bueno ante Dios. En este tiempo Babilonia comenzaba a combatir contra los caldeos, pueblo que eventualmente los superaría; y Judá estaba en medio de esta guerra sufriendo escasez de todo tipo de recursos, por encontrarse entre los territorios en disputa; pero el escritor va más allá de la situación, y con su puño y letra, como si fuera un contrato, deja escrito que, aunque no tenga nada que comer, siempre estará contento, alegre de una forma placentera, porque el Dios que todo lo puede estaría con él, y le daría la habilidad de una gacela para superar las circunstancias.

El apóstol Pablo nos aconseja que demos gracias a Dios en todo momento, malo o bueno, de alegría o de tristeza (Tesalonicenses 5:18) y por todo lo que recibamos, independientemente sea bueno o malo, nos guste o no (Efesios 5:20); porque todo está bajo el control de Dios, porque nos promete que con Él de nuestro lado nos brindará fortaleza, y en el momento oportuno el Señor nos mostrará la salida.

Probablemente Pablo les escribió a los tesalonicenses y efesios porque sabía que tener un espíritu agradecido trae beneficios para la salud espiritual, emocional y física; nos invita a crecer y tener esperanza, algo que reconoce la misma ciencia.

Quejarse y no saber ver los aspectos buenos, en medio de los períodos de dificultad, nos puede llevar a tener pensamientos que nos lleven al resentimiento hacia Dios, o a tomar la decisión de apartarnos de Él y prescindir de su ayuda, porque probablemente estemos convencidos de que la solución es la que hayamos planteado, y creamos que la ayuda del Señor debe garantizarnos pasar por alto las consecuencias de nuestras decisiones erradas o indecisiones.

Habacuc sabía que lo que él y todo el pueblo de Dios estaban sufriendo, era consecuencia de las acciones pasadas; en ese momento no les quedaba más que aferrarse al Padre, reconocer los errores cometidos, aprender y cambiar de actitud; empezando por no quejarse, tener un corazón fiel, porque al fin y al cabo: "todo lo que Dios hace es bueno, todo lo que Dios permite es necesario". (Job 2:10)

Job 2:10b   Nueva Traducción Viviente (NTV)

[10] ... ¿Aceptaremos solo las cosas buenas que vienen de la mano de Dios y nunca lo malo?». A pesar de todo, Job no dijo nada incorrecto.

Estar quieto

Salmo 46:10a   Nueva Traducción Viviente (NTV)

"Quédense quietos, y sepan que yo soy Dios"...

Hace unas semanas vi en las redes sociales una imagen del Salmo 46:10, y las palabras "Quédate quieto". Fue como un flechazo a mi mente y emociones, pero sin embargo el mensaje no me quedó muy claro; semanas después volví a ver el pasaje en Internet, y se me quedó anclado en mi ser... ¡Dios me estaba hablando! El Padre me estaba diciendo: – Ya basta, quédate quieto, no te desesperes, quédate quieto y confía en mí, quédate quieto y mírame a mí, no te afanes.

Días después, en una charla en la comunidad de fe a la que asisto, hicieron un pequeño comentario de ese versículo, asociándolo con las personas que somos de temperamento colérico; es un pasaje que nos calza perfecto porque siempre pretendemos estar en control de todo... Mi esposa y yo nos miramos, sonreímos como diciéndonos: "¡Con razón!"

Todo el Salmo 46 es una exaltación y reconocimiento a la grandeza y el poder de Dios, y la confianza que podemos depositar en Él, nuestro Padre. Pero en el versículo 10 hace una "pausa" necesaria y dice... – "Quédense quietos". Es estarse en un lugar o un espacio de tiempo sin hacer nada, tal vez solo observando y reposando, pero no durmiendo. Complicado, para muchos que -como yo, hemos procurado planificar el futuro, o quienes como yo creemos que cuando algo se sale de nuestro "orden", "tenemos" que actuar y corregir. Probablemente, con la creencia tatuada hasta los huesos de que, si planificamos, tendremos el control y mantendremos el orden.

Me pregunto, ¿Qué poder tengo yo para tomar el control y dominar la situación? Creo que solo podré dominarme a mí mismo, y no las circunstancias, porque a las circunstancias las dominará mi Dios.

Si nos quedamos quietos tendremos la oportunidad de descansar, de recobrar fuerzas, porque Dios está actuando y ejerciendo su señorío en nuestro favor; podremos observar la grandeza y las proezas del Padre, así como cuando un hijo ve a su padre hacer algo imposible para él o ella, lo observa con admiración...

Entonces el padre se siente feliz y hasta honrado por el sentimiento que ha despertado en el hijo.

Me parece que quedarse quieto es necesario para que Dios pueda mostrarse y revelarse a mí.

Quedándome quieto puedo dejar al Padre mover el universo en mi favor.

Quedándome quieto puedo ver la grandeza de mi Dios.

Quedándome quieto puedo descansar y recobrar las fuerzas.

Quedándome quieto puedo conocer al Dios que tengo conmigo, y aprender a confiar en Él.

Haz llover

Isaías 45:8   Nueva Traducción Viviente (NTV)

8 Ábranse, oh cielos, y derramen su justicia. Que la tierra se abra de par en par, para que broten juntas la salvación y la justicia. Yo, el Señor, las he creado.

Deuteronomio 11:14   Nueva Traducción Viviente (NTV)

14 él mandará las lluvias propias de cada estación -las tempranas y las tardías-, para que puedas juntar las cosechas de granos, el vino nuevo y el aceite de oliva.

Creo que todos en algún momento hemos pasado por situaciones donde creemos que Dios nos pone a prueba, y son momentos en que Él logra sacar lo mejor de nosotros. Les comparto mi pensamiento y vivencia al respecto en un momento determinado.

Hace un tiempo, mientras corría con el fin de hacer un poco de ejercicio, escuché un canto que prácticamente todo lo que decía es: "Haz llover, abre las compuertas el cielo", y aunque la entonación del mismo y la composición musical me parecieron muy bien realizados pensé… "Muy bello, pero con este canto no siento que pueda alabarte y adorarte, y además a esa frase me parece que sería bueno completarla con algo". Qué ignorante fui, y qué pronto para hablar; hoy mi oración la resumo con esa frase: "Haz llover", y más bien le suplico al Padre que haga llover lo más pronto posible, aunque sé que todo será en Su tiempo y cuando yo esté listo.

No hace mucho pasé por un desierto y comprendí que el mismo no era un castigo, sino el resultado de un sinnúmero de decisiones acumuladas por casi cuarenta años. El desierto lo viví como un tiempo donde Dios me podía moldear como un alfarero moldea el barro, limpiar como un orfebre a la plata; un espacio para acercarme a Él a conocerlo mejor, a intimar con mi Señor. No olvido que cuando lo comprendí le dije a Dios: ***Gracias porque tú estás a mi lado***. Recordé que mientras el pueblo de Israel estaba en el desierto, nunca fueron abandonados por Dios; siempre les dio comida, agua, y los protegió del sol, poniendo una nube sobre ellos mientras caminaban; les brindó calor en las noches poniendo una columna de fuego; siempre tuvieron vestimenta, no les hizo faltar nada.

Cuando terminé de pasar por ese desierto comencé a ser otra persona. Decidí no alejarme de mi Padre nunca más, y le dije "ahora que sé que un desierto no es un castigo, sino un período para crecer contigo a mi lado, cuando gustes hazme pasar por otro, estoy dispuesto a que me transformes, quiero ser mejor persona".

Aunque lo siento muy pronto, hoy nuevamente me tiene en medio de un desierto, dando gracias por este tiempo, llevándome al límite de todas mis capacidades, dispuesto a que me transforme y logre lo mejor de mí.

En el desierto he logrado reconocer mis limitaciones, lo frágil y débil que soy y lo mucho que necesito del Creador de todo. Es en el desierto que pido el socorro de Dios; donde, aunque por momentos deseo pegar un brinco y llegar a la Tierra Prometida, sé que no puedo hacerlo y tengo que someterme a la voluntad de mi Señor, mi Padre, y esperar que su propósito se cumpla en mi vida; es allí donde vivir anhelando que envíe la lluvia. Pero es en este tiempo que Dios me muestra lo frágil que soy, cuando puedo reconocer que Él y solo Él me podrá brindar fuerzas como las del búfalo, alas como las del águila; y puedo, en obediencia, dar los pasos hacia la dirección y el camino que Dios ha trazado para mí.

Nuestro Padre nos tiene preparado un camino diseñado para cada quien, pero es necesario que confiemos en Él como un niño; dejar el camino por el que andamos, y empezar a andar por el que papá nos ha preparado.

¡Gracias Padre !

Caminando sobre el agua en la tormenta

[22] Inmediatamente después, Jesús insistió en que los discípulos regresaran a la barca y cruzaran al otro lado del lago mientras él enviaba a la gente a casa. [23] Después de despedir a la gente, subió a las colinas para orar a solas. Mientras estaba allí solo, cayó la noche.

[24] Mientras tanto, los discípulos se encontraban en problemas lejos de tierra firme, ya que se había levantado un fuerte viento y luchaban contra grandes olas. [25] A eso de las tres de la madrugada, Jesús se acercó a ellos caminando sobre el agua. [26] Cuando los discípulos lo vieron caminar sobre el agua, quedaron aterrados. Llenos de miedo, clamaron: «¡Es un fantasma!».

[27] Pero Jesús les habló de inmediato:

—No tengan miedo —dijo—. ¡Tengan ánimo! ¡Yo estoy aquí!

[28] Entonces Pedro lo llamó:

—Señor, si realmente eres tú, ordéname que vaya hacia ti caminando sobre el agua.

[29] —Sí, ven —dijo Jesús.

Entonces Pedro se bajó por el costado de la barca y caminó sobre el agua hacia Jesús, [30] pero cuando vio el fuerte viento y las olas, se aterrorizó y comenzó a hundirse.

—¡Sálvame, Señor! —gritó.

[31] De inmediato, Jesús extendió la mano y lo agarró.

—Tienes tan poca fe —le dijo Jesús—. ¿Por qué dudaste de mí?

[32] Cuando subieron de nuevo a la barca, el viento se detuvo. [33] Entonces los discípulos lo adoraron. «¡De verdad eres el Hijo de Dios!», exclamaron.

Hay una escena en la película La Cabaña que hace referencia a este pasaje, donde el personaje principal comienza a caminar sobre el agua para encontrarse con Jesús, quien camina hacia el bote donde él estaba. El personaje principal comienza a hundirse en el agua, mientras Jesús le dice insistentemente:

— ¡Mírame a mí, mírame a mí, concéntrate en mí ! A Pedro le sucedió lo mismo que a este personaje, en medio de una tormenta; él y los otros discípulos ven a Jesús caminar hacia ellos, y dudaban de quién, o qué podría ser esa imagen, hasta el punto de pensar en un fantasma. ¡Qué irónico!, recientemente habían estado compartiendo con Jesús y viendo el milagro de la multiplicación de los panes y peces... sin embargo, nunca pensaron en la posibilidad de que fuera Jesús quien se acercaba; por lo que el Señor les habló:

— No teman, tengan ánimo, Yo estoy aquí ! ... y aun así, ninguno de los discípulos creyó; y Pedro, al ver la tempestad, comenzó a hundirse, hasta que Jesús extendió su mano y lo salvó.

Posiblemente a muchos de nosotros, como a Pedro, Dios nos ha permitido llegar a lugares o situaciones que escapan de nuestras manos, ahí donde nos damos cuenta de lo débiles y frágiles que somos; es en ese momento que Jesús extiende su mano para salvarnos, y entonces, -así como los discípulos que ni bajaron del bote, podemos confesar y creer que Él es Señor, reconocer que nuestro Padre sí lo puede todo.

¡Cuántas veces hemos mencionado que Jesús es Señor!; que es nuestro Señor, pero no le entregamos a Él todos nuestros planes, todos nuestros anhelos, todos nuestros deseos... sino que elegimos concentrarnos, y trabajar (desperdiciando energía, diría yo) para controlar nuestro entorno, jugando a ser pequeños dioses, porque - ya lo he mencionado, *lo único que puedo controlar es lo que pienso, lo que siento y lo que hago.* Dios desea ser **el centro de nuestras vidas**, no quiere pelear por obtener primeros o segundos lugares en nosotros.

El Padre desea ser el centro de todo nuestro ser, que nuestra vida gire en torno a Dios, para poder enriquecerla con abundante vida, engrandeciéndola con su amor. Si el Señor es nuestro centro, nuestros pensamiento, sentimientos y acciones comenzarán a "sintonizarse" con los de papá.

En lo personal, Dios me ha llevado a situaciones donde he tenido que reconocer que yo no puedo, donde he tenido que reconocer que solo Él puede sacarme, como le pasó a Pedro, y entregar mi vida, anhelos, deseos y planes a Dios. Imaginándome la escena de Pedro: el bote no estaba tan cercano, sus amigos no podían ayudarle por el miedo paralizante que tenían, estaban refugiándose en la fragilidad del bote, mientras Pedro era golpeado por las olas y el viento, además de estarse hundiendo; la única persona a quien acudir para el rescate, era Jesús. Luego de rescatar a Pedro, y calmar la tormenta con su voz, los discípulos reconocieron que Jesús es el Señor, el Hijo de Dios. Simplemente, Dios nos lleva a lugares donde nuestros recursos son insuficientes, para que podamos reconocerle como Señor y someter nuestra vida a Él.

Mi corazón de piedra

Ezequiel 36:26   Reina-Valera 1960 (RVR1960)

Les daré corazón nuevo, y pondré espíritu nuevo dentro de vosotros; y quitaré de vuestra carne el corazón de piedra, y os daré un corazón de carne.

Tenía 18 o 19 años cuando este versículo me llamó mucho la atención. Yo era parte del equipo de líderes de jóvenes de la comunidad de fe a la que asistía, y me gustaba estudiar la Biblia, así como enseñar. Así que decidí comenzar a estudiar un poco del tema. Tomé mi Biblia Thompson, que mi mamá me había regalado varios años atrás; tomé un diccionario bíblico, y no comprendía nada. Yo le decía a Dios, "no entiendo, quiero saber qué quiere decir ese versículo". Así que hice una pausa con respecto al tema y lo retomé unos días después. ¿ Y qué pasó?... nada sucedió, no entendía prácticamente nada, solo en mi limitado entendimiento me decía: "una piedra no da vida, un corazón da vida... pero no entiendo nada". Pasó el tiempo, pasaron los años y me resigné a no comprender qué quería decir Dios a través de esas palabras, hasta casi mis 40 años cuando logré entenderlo -tal vez porque lo estaba empezando a vivir, luego de llevar la terapia de Doce Pasos para codependientes.

Lo curioso es que ahora que lo había comprendido, escucho a otras personas referirse a este texto con total naturalidad y entendimiento en su alma de lo que significa, y yo le digo a Dios en forma jocosa: "¡Tanto que a mí me costó comprenderlo!" Pero Papá quería llevarme más allá, pretendía que lo empezara a vivir.

Varios años antes de mis 18, a veces consciente, y otras inconscientemente, había tomado la decisión de no ser vulnerable, de no dejarme lastimar, y - según yo, dominar mis emociones para no sentir dolor, y así no ser lastimado; había asumido la estrategia de seguir adelante con mis objetivos sin que me importaran mucho las otras personas (Esto suele ser común en personas de temperamento colérico). No me daba cuenta, pero lo que causé fue que me "desconecté" de mí mismo, o -como dirían otras personas, tenía puesta una armadura; pero en mi caso, esa armadura se había herrumbrado; me acostumbré a ella y ya no podía expresar lo que sentía, a tal punto que, desde alrededor de los 15, hasta la mitad de mis 39 años, solo lloré por una situación. Cuando falleció mi abuela paterna, a quien amé mucho y de quién recibí maravillosas muestras de cariño, en su entierro, no pude llorar; por dentro me sentía destrozado, pero solamente se me humedecieron los ojos, fue frustrante no poder expresar lo que sentía. En una ocasión - tenía unos 27 o 28 años-, a un pastor a quien estimé mucho y que falleció hace varios años, le pregunté, "¿por qué no puedo llorar?, yo deseo llorar, pero no puedo"; y él me dijo — Tienes el alma atravesada.

No entendí en ese momento, y creo que no era el tiempo de Dios para liberarme de la prisión emocional que yo me había construido. Vuelvo a ver atrás, y pienso que en mi condición, podría haber tenido toda la información del mundo, que jamás la hubiera podido comprender.

Recién terminada la terapia de Doce Pasos junto con otros compañeros de grupo, en el chat que hasta la fecha compartimos, alguien compartió un pensamiento, y fue instantáneo, logré comprender el versículo más de 20 años después de haber querido estudiarlo para enseñar a otras personas. Entendí que con un corazón de carne ¡ podía sentir, podía vivir !, ¡podía permitirme tener el hermoso privilegio de ser moldeado por mi Dios !

Ahora lloro con facilidad, puedo sentir desde el fondo de mi ser cómo fluyen mis emociones, ya sea felicidad, gratitud, miedo, tristeza o enojo, no importa cuál sea la emoción, todas forman parte mí y me hacen vivir; no temo sentirlas y compartirlas con mi Padre y las personas que me rodean.

Lo curioso es que varios meses luego de haber comprendido, encuentro el versículo en una versión de fácil comprensión. No sé si de haberla encontrado antes hubiera entendido, o me hubiera permitido someter a un proceso de crecimiento, pero Dios todo lo sabe y todo lo controla, nadie mejor que Él para entregar nuestra vida.

> "Les daré un corazón nuevo y pondré un espíritu nuevo dentro de ustedes. Les quitaré ese terco corazón de piedra y les daré un corazón tierno y receptivo.
> 27 Pondré mi Espíritu en ustedes para que sigan mis decretos y se aseguren de obedecer mis ordenanzas."
>
> Ezequiel 36:26-27 (NTV)

A mí me llevó alrededor de 20 años comprender tres sencillas oraciones, a causa de -entre muchas cosas, dejar crecer mi temperamento en vez de dejar crecer a Jesús en mí. Irónicamente, mi Dios me dejó servirle, porque Él es bueno y respalda su ministerio. Ahora, por su misericordia, puso un espíritu nuevo en mí, y cambió mi terco corazón de piedra por uno de carne, que se emociona y anhela ser moldeado por el Alfarero.

Teclas blancas y negras

Job 2:10b   Nueva Traducción Viviente (NTV)

10 .../ ¿Aceptaremos solo las cosas buenas que vienen de la mano de Dios y nunca lo malo?». A pesar de todo, Job no dijo nada incorrecto.

Todo lo que Dios hace es bueno, todo lo que Dios permite es necesario.

Salmo 23   Nueva Traducción Viviente (NTV)

Salmo de David.

1 El Señor es mi pastor;
   tengo todo lo que necesito.
2 En verdes prados me deja descansar;
   me conduce junto a arroyos tranquilos.
3 Él renueva mis fuerzas.
Me guía por sendas correctas,
   y así da honra a su nombre.
4 Aun cuando yo pase
   por el valle más oscuro,
no temeré,
   porque tú estás a mi lado.

Tu vara y tu cayado
  me protegen y me confortan.
[5] Me preparas un banquete
  en presencia de mis enemigos.
Me honras ungiendo mi cabeza con aceite.
  Mi copa se desborda de bendiciones.
[6] Ciertamente tu bondad y tu amor inagotable me
seguirán
  todos los días de mi vida,
y en la casa del Señor viviré
  por siempre.

"La vida es como las teclas de un piano, las blancas son los momentos felices, las negras los momentos difíciles... pero juntas tocan la mejor melodía... la vida" [4]

Confortar:

Verbo transitivo,

Dar fuerza y energía a una persona que se ha cansado o debilitado mucho. "tras comer, confortados volvieron al trabajo."

Dar consuelo y ánimo a una persona para que resista en las dificultades. [5]

---

[4] Dominio público tomado de Internet.

[5] Tomado de: https://www.google.com/search

Me atrevo a decir a que el Salmo 23 es uno de los pasajes de la Biblia más conocidos en el mundo cristiano y no cristiano. Existen pinturas, serigrafías, imágenes con versículos de este capítulo. Al menos en mi caso, cada vez que lo leo lo siento como bálsamo y me hace pensar en el gran amor de Dios por mí, y por cada uno de nosotros.

Hay algo que este Salmo ilustra muy bien, y es la variedad de la vida: en efecto, nuestra vida tiene momentos hermosísimos, y momentos difíciles; por eso el mismo Jesús nos dice que dejemos nuestro yugo y tomemos el de Él, porque el caminar en esta vida no es fácil (Mateo 11:29); o el mismo Josué -a quien Dios mismo le dijo que se esforzara y fuera valiente; evidentemente lo que estaba por venir atemorizaba y podía doblegar emocionalmente a cualquiera; pero al obedecer y someterse a la voluntad de Dios, Josué -junto con el pueblo de Israel, dejaron el confort del maná, las aves, el agua, el frescor, el calor y la vestimenta que Dios les proveía en el desierto, y avanzaron hacia la conquista de la Tierra Prometida.

En este Salmo, veo el versículo tres como un límite entre los "momentos de teclas blancas y momentos de teclas negras". Empezando este versículo dice:

"Confortará mi alma" (RVA); otras versiones dicen "renovará mis fuerzas", pero prefiero la clásica Reina Valera por lo que implican los significados de las palabras "confortar" y "alma". El salmista está reconociendo su debilidad y que usó del alimento que el Buen Pastor le brindara para fortalecerse, lo que me hace pensar que venía de superar una situación o momento de dificultad; pero Dios, además de alimentarlo lo dejó descansar y reafirmar su identidad, y hacerse consciente de que lo único que puede controlar es lo que piensa, siente y hace. En el versículo cuatro se vuelven a describir momentos difíciles, pero habiendo sido fortalecido por el Padre, el salmista se siente seguro de poder superar cualquier dificultad porque confía en Dios; y además de ayudarlo a vencer esos momentos difíciles, lo recompensará con su bendición y reconocimiento ante las personas que le desearon o le hicieron mal.

Los momentos felices y buenos son de gran de bendición para todos nosotros, pero por nuestra naturaleza humana, solo esos momentos difíciles nos hacen valorar y agradecer esas "pequeñas bendiciones", como puede ser una sonrisa o la mirada de alegría de nuestros seres amados, y reconocer que fuera de la presencia del Señor, no tenemos garantía de vivir en plenitud.

Mis dioses no estaban afuera, estaban adentro

Mateo 22:37-38   Traducción en lenguaje actual (TLA)

Jesús le respondió:
—El primer mandamiento, y el más importante, es el que dice así: "Ama a tu Dios con todo lo que piensas y con todo lo que eres."

Mateo 22:37   Nueva Traducción Viviente (NTV)

[37] Jesús contestó:
—"Ama al Señor tu Dios con todo tu corazón, con toda tu alma y con toda tu mente".

Siendo niño, habiendo recién confesado que recibía a Jesús en mi corazón, y que aceptaba que Él fuera el Señor de mi vida, una de las primeras cosas que me advirtieron, era que no tenía que guardar reverencia ante cualquier tipo de imagen, y menos idolatrar o adorar a alguna persona. Recuerdo que tenía un crucifijo de oro, y en ese tiempo pensé junto con mi madre en derretirlo para hacer otra cosa. Probablemente algunas personas pensarán que era correcto, otras que caí en lo ridículo; ahora, habiendo caminado con Dios y según mis experiencias con Él, lo veo intrascendente.

Acercándome a mis 40 años, conversando con un amigo consejero, me hizo notar que en mi corazón Jesús no era el centro de mi vida, el Señor de mi vida, no era el Dios de mi vida!... Habían otros dioses sobre los cuales mi vida giraba, dioses en que había puesto mi esperanza, dioses a los que endosé mi felicidad, mi estabilidad emocional, mi crecimiento personal, el sustento de mi familia y el mío (y era cuando peor estaba... habían pasado como veinte años donde por unos días, solo pude llorar por una situación que me marcó y me costó superar); y lo más interesante, no fueron las imágenes o personas que me advirtieron no adorar las que le quitaron a Dios su lugar: fueron más bien mi esposa, mis hijos, mi conocimiento, habilidades profesionales, y mi desarrollo profesional en una empresa familiar, relevante en mi país. Esos fueron los dioses que le quitaron el lugar que correspondía a mi Padre, el Creador de todo. Y aclaro, no fue que estos dioses se impusieron en mi vida, sino que yo mismo los puse en el trono que debía ser solo para el único Dios, los coloqué en el centro de mi ser.

Habiéndome dado cuenta que Jesús no gobernaba mi vida, no era consciente del daño que estos dioses me habían hecho, hasta que en otro momento, mi amigo consejero me pregunta: "¿Quién es Rodolfo sin su familia, su maestría y su gerencia?" Esta ha sido la pregunta que más ha golpeado mi vida. Me quedé pensando, confundido, mis pensamientos se bloquearon, y hasta me imaginé la puerta de salida de su consultorio pensando en la posibilidad de salir corriendo; y me volvió a preguntar: "¿Quién sos ?!"... No me salía ni una sílaba, mi mente estaba como bloqueada, me sentía extremadamente confundido. Al cabo de unos segundos me hace otra pregunta: "¿Qué querés ?" Yo le respondí sin pensarlo dos veces, contesté en centésimas de segundo: "Ser feliz".

En ese momento me di cuenta del daño que me habían hecho los dioses que yo mismo había "creado" para mi vida. Me había quedado prácticamente sin identidad, sin propósito; además de entregarles mi felicidad, estos dioses habían quitado la libertad que Jesús nos prometió, la libertad que podemos experimentar si dejamos que gobierne nuestras vidas.

Probablemente algunas personas me preguntarán: "¿Pero no amas a tu familia, tu esposa y tus hijos ?", a lo que yo respondería que sí los amo; los amo a tal punto que daría mi vida por cualquiera de ellos, disfruto cada momento con mi esposa y mis hijos; el compartir diario, los momentos que puedo pasar con cada uno los vivo y los atesoro como un precioso regalo de Dios, porque ahora mi familia ya no es un dios, sino un regalo del Padre.

Con respecto al conocimiento y desarrollo profesional, en una ocasión alguien me dijo: "No puedes dejar de planear el futuro: los sueños, las metas, son necesarios", a lo que respondí: "Tengo mis sueños, pero solo renuncio a seguir planificando mi vida, a dejar de pensar en el futuro y tratar de estar midiendo cada paso para que mis planes se cumplan. Reconozco que tan solo soy una persona que depende de Dios, y conforme yo me ocupe en hacer lo bueno delante de sus ojos, Él me recompensará".

Un día, ya en mis 41 años, mientras corría y conversaba con mi Señor, le dije: — "¿Sabes?, pasé por momentos muy dolorosos, pero valió la pena porque la relación que ahora tengo contigo no la cambio por nada ni nadie." Y ahora los dioses que estaban en mi corazón se han vuelto bendición, mi Padre me dio la dicha de sacar un nuevo posgrado en mi área profesional, abrirme las puertas en una empresa donde puedo crecer como persona y profesional, y tener tiempo para compartir con mi familia; sentirme más "conectado" con mi esposa, mis hijos y cada persona con la que logro compartir. Al poner al Padre en el centro de mi corazón, mi vida comenzó a ordenarse de adentro hacia afuera. Mis dioses no estaban afuera, estaban adentro.

Se hizo pecado y maldición

2 Corintios 5:21   Nueva Traducción Viviente (NTV)

[21] Pues Dios hizo que Cristo, quien nunca pecó, fuera la ofrenda por nuestro pecado, para que nosotros pudiéramos estar en una relación correcta con Dios por medio de Cristo.

Este texto lo escribí durante el 24 de diciembre del 2017, como consecuencia y mientras meditaba en el anhelo de Dios por tener una relación personal con cada persona. Evidentemente no sé cómo habrá sido la conversación entre el Padre y Jesús antes de que el Hijo viniera a este mundo como hombre, pero con mi limitado entendimiento me la imagino algo así...

Padre: — Hola Hijo, cómo estás ? Te observo pensativo.

Hijo: — Hola Padre. Sí, he estado pensando en la misión de la que me comentaste para rescatar a la humanidad y que puedan tener un acceso directo a nosotros, que puedan conversar y tener una relación con nosotros, sin necesidad de sacerdotes ni sumos sacerdotes. Sería hermoso poder conversar con cada uno, cada una... Enseñarles, poder consolarles, reconfortarles en todo momento, que nos abran sus corazones y nos permitan convivir y guiarlos siempre, inundarles con nuestro amor, que lo vivan y lo reflejen al mundo.

Padre: (expresando una sonrisa de ternura) — Sí, sería más que hermoso, *mmm*, pero te acuerdas cuando le pedimos a Abraham ofrecer en sacrificio a Isaac?

Hijo: — Sí claro. Fue una demostración de obediencia y amor hacia nosotros difícil de encontrar en un hombre. Pero recuerdo bien que al ver su corazón dispuesto, enviamos una oveja para el sacrificio.

Padre: — Claro, así fue. Pero ten presente que cuando vayas a ser sacrificado no te rescataré como lo hice con Isaac. Tu sacrificio es necesario para que nuestros planes se cumplan y la humanidad pueda estar cercana a nosotros para siempre, como hijas e hijos.

Hijo: — Sí, lo sé. Y sé que podrá ser un momento de dolor físico y sufrimiento al ser rechazado por nuestro pueblo, pero eso no me entristece, me alegra porque sé que valdrá la pena. Pero hay un sentimiento que viviré como hombre que nunca he sentido.

Padre: — ¿Cuál? ... si yo enviaré a mi Espíritu para que esté contigo en todo momento, y siempre te acompañaré para fortalecerte con mi presencia.

Hijo: — Que en el momento más duro me abandones.

Padre: — Hijo mío, cuando te sacrifiques por ellos te convertirás en pecado y maldición, y bien sabes que yo amo a todas las mujeres y los hombres, que no me importa su condición de pecadores, sus formas de vivir; quien me busque, siempre recibirá mi abrazo y mi amor, limpiaré sus lágrimas de sus rostros con mis dedos, y los pondré en mi regazo para consolarles y darles de mi amor y darles la posición de hijos e hijas; pero tú te convertirás en pecado, y yo aborrezco el pecado. En ese momento sentirás que te he abandonado; te sentirás solo, sentirás lo que es ser rechazado por un padre, serás huérfano. Es necesario que tu sacrificio vaya más allá de lo físico, y que sacrifiques tu alma de hombre.

Hijo: —Aunque nunca peque en mi estancia en el mundo, es necesario convertirme en una abominación para ti.

Padre: — Sí, lo es.

Hijo: — Lo haré porque los amo, lo haré porque quiero cuidar de nuestras ovejas, de las mujeres y los hombres que son tan indefensos. Quiero enseñarles el camino a ti, que tengan libertad para amarnos y amarse unos a otros.

Padre: — Entonces estás de acuerdo.

Hijo: — Sí Padre.

Padre: — Hijo, llegó el momento de enviarte, ya escogí la familia con la que crecerás físicamente y en sabiduría.

Como niños

Mateo 18:3   Nueva Traducción Viviente (NTV)

Les digo la verdad, a menos que se aparten de sus pecados y se vuelvan como niños, nunca entrarán en el reino del cielo.

Efesios 5:1   Nueva Versión Internacional (NVI)

Por tanto, imiten a Dios, como hijos muy amados.

1 Corintios 3:18   Nueva Traducción Viviente (NTV)

Dejen de engañarse a sí mismos. Si piensan que son sabios de acuerdo con los criterios de este mundo, necesitan volverse necios*
para ser verdaderamente sabios.

*Necios: (poco inteligentes)
Significado de: necio, necia[6]
Ignorante, que desconoce lo que debería saber.

---

[6] https://es.thefreedictionary.com/necio

Siempre me ha gustado la tecnología; al final de mi adolescencia comenzó a desarrollarse el Internet en mi país, y estaba comenzando a popularizarse el sistema operativo Windows. Me gustaba conocer un poco de computadoras, diría yo, lo suficiente para poder usarla en la casa y cambiar configuraciones básicas. Más de una vez me pasó que más bien la dejaba sin funcionar y tenía que llevarla a donde un profesional corrigiera lo que yo había hecho, hasta el colmo de tener que borrarle todo el sistema operativo e instalarlo de nuevo para no "corregir haciendo parches".

Recuerdo muy bien cuando en una ocasión en mi trabajo, le llevo mi computadora laboral al encargado de cómputo para que le arreglara algo, y me dice: "Rodo, los que saben un poquitito son los peores", a lo que le pregunté: "cómo, por qué?", y me responde: "porque creen que saben un montón y más bien lo que hacen es descomponer o dejar poco funcionales las computadoras".

Mateo 18:3 ha sido un versículo que siempre me ha llamado la atención; en alguna ocasión compartí un pequeño mensaje al respecto en el grupo de jóvenes de la congregación a la que asistía, referente a creer y confiar en Dios en plenitud, así como una niña o un niño en sus primeros años de vida cree que su padre es la persona más confiable del mundo; tanto que si van tomados de la mano sienten una gran seguridad y tranquilidad, aunque vayan caminando a la orilla de un desfiladero. Ahora, luego de estar caminando con mi Señor y volverme cada vez más dependiente de Él, he comprendido un poco más ese versículo.

Cuando Jesús conversaba con Nicodemo (Juan capítulo 3), respetado maestro judío, -así dicho por el mismo Señor, le estaba explicando sobre el "nacer de nuevo"; pero el conocimiento, patrones y esquemas mentales que tenía Nicodemo, le estaban siendo de obstáculo para comprender lo que Jesús le estaba enseñando. Pienso que así como el profesional en cómputo prefería borrar por completo el disco duro de la computadora para instalarle un nuevo y mejor sistema operativo, así quería hacer Jesús con Nicodemo: que se vaciara, que dejara todo su conocimiento de lado, para empezar a ser llenado por Él; en otras palabras, si la copa ya está llena, no podrá ser llenarse con el mejor vino.

Tengo la convicción que para comenzar a llenarme de mi Dios, tengo que reconocer lo limitado que soy; que necesito de Él para ser una persona completa, vaciarme para dejarle espacio, y que Dios empiece a crecer en mí. Si me considero un "sabio" -o vasto de conocimiento, comenzaré a cuestionar a Dios, procuraré imponer mi lógica ante la divinidad del Creador de todo. Es irónico, y me da pena ante el Señor, pero yo sí he cuestionado al Omnipotente Dios. Jesús nos invita a ser como niños y niñas para que reconozcamos la grandeza de nuestro Padre, su gran poder, su majestuosidad. Nos invita a que imitemos a nuestro Padre que es perfecto. Los que somos padres, hemos visto cuando los niños y niñas, en su temprana edad, comienzan a imitar algún movimiento, gesto, acción (¡a veces hasta errónea!), o simplemente nos toman de la mano para sentir cariño y seguridad... Así desea nuestro padre que nos acerquemos, confiados, viéndolo como lo máximo de este mundo; deseosos de imitarle, anhelando compartir con Él, aprender y llenarnos del Padre.

Mi conocimiento muchas veces limitó el accionar de Dios en mi vida, estorbó para que Él pudiera crecer en mi ser. Solo reconociendo mis limitaciones y dejando mi orgullo de lado, he comenzado a depender más del Padre, sabiendo que está siempre al cuidado de mí, y que junto a Dios, todo lo que suceda, por oscuro que parezca el horizonte, está bajo su control; como la tormenta por la que caminaba Jesús para encontrarse con sus discípulos que estaban en la barca; Jesús estará en medio de la tormenta deseando que le creamos, que sepamos que Él puede controlar lo incontrolable para nosotros.

Creerle como amigo, como hermano, como Padre, como Dios

Hebreos 11:6   Nueva Traducción Viviente (NTV)

6 De hecho, sin fe es imposible agradar a Dios. Todo el que desee acercarse a Dios debe creer que Él existe y que Él recompensa a los que lo buscan con sinceridad.

Un amigo compartió un mensaje en la comunidad de fe a que asistimos. Este mensaje se centraba en Hebreos 11:6 , y él lo tituló: "Sin fe es imposible agradar a Dios", y confirmó aspectos en los que he estado meditando en mi nuevo despertar en la relación con mi amado Dios. El versículo en cuestión, lo he escuchado prácticamente desde que decidí recibir a Jesús en mi corazón, y en varias ocasiones pensaba: "Qué complicado será agradarle a Él, si no creo que Dios puede sanar o hacer algún tipo de milagro... Y si oro para que Dios sane a una persona y no sucede, ¿es porque no tuve suficiente fe?" Era un tema complicado para mí, y cada vez que leía o escuchaba ese pasaje, más bien me daba algo de miedo de no estar agradando a Dios, y hasta algo de culpa por no tener una "super fe".

Durante el mensaje que compartía, este amigo comentó que un día Dios le habló por medio de una calcomanía pegada en un auto (¡de verdad que Dios es creativo!), luego de externalizar su inconformidad por lo que estaba viviendo y quejarse con Él. Lo que decía la calcomanía era: "No es lo mismo creer en Dios que creerle a Él", y comencé a ligar esa frase con Hebreos 11:6.

A los dos días, el versículo -que había traído frustración en algunos momentos por sentirme incapaz de una fe suficiente para ordenar moverse a una montaña-, lo pude interpretar y aplicar a mi vida de una forma más simple y cotidiana, comprendiéndolo de la siguiente forma: Si a una persona la considero amiga, es porque en cierta medida creo y confío en él o en ella; y entre más crea y confíe, es muy probable que afectivamente me acerque más y logremos tener una relación estrecha, y hasta llegue a desnudar mi alma mostrando lo que a otros que no conozco o confío, no mostraría. Caso contrario, si no confío ni creo en alguien, probablemente hasta lo evite y no tenga ningún tipo de relación. Así que, si tengo una relación con Dios, si en mi caminar diario ando con Él, si le busco en todo momento, lo conoceré, aprenderé a confiar en Él como un niño confía en su Padre, porque Dios no nos falla nunca, y lo digo por mi propia experiencia.

Un día Dios me preguntó por medio de otra persona, en un momento en que estaba confundido y tenía temor de tomar una decisión que involucraba dejar por completo el camino que según yo me había trazado: — "Cuándo te he fallado?", y mi respuesta fue "Nunca". Y no es que antes de entonces mi vida haya sido perfecta, sino que en ese instante fui consciente que lo que estaba viviendo era el resultado de mis decisiones, era consecuencia de haber creído más en mí mismo y en otros, que al mismo Creador de todo.

He aprendido a confiar en Dios, creerle al Padre Bueno, y esto ha sido consecuencia de acercarme y relacionarme más libremente con Él. Además de recibirlo en mi vida, entonces procurar que siempre esté en el centro y el trono de mi corazón. Ya no estoy preocupado si con mi grado de fe logro modificar la geografía moviendo una montaña; ahora solo me interesa relacionarme y estar cerca de Dios siempre, entregar mi vida y mi futuro por completo al Creador de todo y creerle como amigo, como Hermano, como Padre, como Dios, y dejarme guiar por Él en todo.

Yo independiente

2 Crónicas 1: 7-11   Nueva Traducción Viviente (NTV)

Esa noche Dios se le apareció a Salomón y dijo: —¿Qué es lo que quieres?
¡Pídeme, y yo te lo daré!

8 Salomón le contestó a Dios: —Tú mostraste gran y fiel amor a David, mi padre, y ahora me has hecho rey en su lugar. 9 Oh Señor Dios, ¡te ruego que sigas manteniendo la promesa que le hiciste a David mi padre, pues me has hecho rey sobre un pueblo tan numeroso como el polvo de la tierra! 10 Dame la sabiduría y el conocimiento para guiarlo correctamente, porque, ¿quién podrá gobernar a este gran pueblo tuyo?
11 Dios le dijo a Salomón:

—Por cuanto tu mayor deseo es ayudar a tu pueblo, y no pediste abundancia ni riquezas ni fama ni siquiera la muerte de tus enemigos o una larga vida, sino que has pedido sabiduría y conocimiento para gobernar a mi pueblo como es debido, 12 ciertamente te daré la sabiduría y el conocimiento que pediste. ¡Pero también te daré abundancia, riquezas y fama como nunca las tuvo ningún otro rey antes que tú y como ninguno las tendrá en el futuro!

Durante mi niñez y adolescencia, como una forma de organizarme en mis estudios para lograr mejores resultados, mi madre y padre me enseñaron a ordenarme y planificar bien mis tareas. También me enseñaron a tener objetivos y metas, lo cual considero adecuado; pero yo para lograr mis metas, procuraba que las situaciones no se salieran de mi control, y así poder alcanzarlas. En la universidad, por mi carrera como administrador de negocios y apasionado por la estrategia empresarial, aprendí que la planificación a largo plazo era esencial; y así lo asimilé, lo creí y procuré implantarlo y desarrollarlo en todas las áreas de mi vida; tanto en lo personal, profesional, como en lo emocional y espiritual.

Además, a mi buen ver, tenía mi futuro económico y profesional asegurado, confiaba plenamente en lo que podría brindarme la empresa que mi abuelo había fundado junto con otra persona. Según yo, toda esta situación no requería confiar en Dios, ni depender de Él, porque mis otros dioses ya me habían resuelto la vida.

En ese tiempo no era consciente que Jesús, aunque estaba en mi corazón, no estaba en el trono del mismo. Espiritualmente me sentía bien, servía en la comunidad de fe a la que asistía, y hasta era reconocido como "un buen siervo de Dios": tenía completa tranquilidad.

Pero todo este asunto de ser independiente se desarrolló en mí de una manera tergiversada y más bien alimentó mi orgullo solo para sentirme bien. Y el detalle está en que yo tenía cierta conciencia de eso, tanto que a mis 22 años, estaba haciendo las gestiones para cursar en MBA[7] en una reconocida escuela de negocios, institución que estaba dentro de mis planes desde mi adolescencia.

Yo me decía, "cuando me gradúe de esa escuela regresaré a la empresa, y con mis aportes, la compañía se fortalecerá y crecerá". El resultado del proceso de admisión fue... "No aceptado". Pero de igual forma, me alentaron a hacerlo en otro momento porque estaba muy joven y visualizaban en mí una proyección interesante. Quien me pagaría el post grado era mi padre, y como durante los días que yo hacía las pruebas él no estaría en el país, me dejó el cheque listo para reservar el

---

[7] Master in Bussiness administration. Maestría en administración de negocios.

espacio. Aún recuerdo el día cuando llegué a su oficina a devolverle el cheque, lo sentí como un golpe muy duro, y Dios empezaba a echar a perder mis planes para que varios quinquenios después me pusiera en sus manos. Lo interesante es que entendí el mensaje de Dios, y le dije:
— "Entiendo Dios, y sé que si yo hubiera salido de esa escuela de negocios, pasarías a un segundo plano de importancia y no te vería como Dios"; y ahora, visualizando mi corazón de ese entonces, probablemente lo hubiera puesto en el centésimo lugar, ahí en el fondo, sin relevancia alguna.

Hay una frase que leí en algún momento que dice: "la vida es tan buena maestra, que si no aprendes una lección te la repite"... Aunque oí el mensaje de Dios, no lo escuché y no aprendí la lección.

Pasaron los años, y mi Padre que tanto me ama estropeó mis planes, ya que por conflictos familiares salí de la empresa en la que había puesto mi confianza, mi futuro y hasta el de mis hijos; ¡y eso ha sido estupendo! No voy a decir que no sufrí porque mentiría, fueron momentos muy dolorosos, pero los planes de Dios son lo mejor. Dios me ha demostrado que tiene todo controlado milímetro a milímetro, me ha sorprendido como un Padre a su niño.

Mi Padre que está en los cielos gobernando todo el universo, me brindó la oportunidad de estudiar más y obtener una especialidad, para que unos meses después de terminarla, saliera de una segunda compañía donde mi familia tiene una participación minoritaria, y me fueran abiertas las puertas en una empresa con personas con alto grado de experiencia y preparación, donde estoy logrando crecer en áreas profesionales, que si me hubiera quedado donde estaba, no habría logrado desarrollar. Dios me llevó a salir de mi zona de confort para que viera lo grande que es Él, y motivarme a crecer. Dicen los Evangelios que Jesús crecía en sabiduría, estatura y en gracia para con Dios y las personas (¡Ojo, lo hizo fuera de su zona de confort!, bajó de su trono para dejarse guiar por un carpintero); hasta Jesús cometió errores como persona, y de esos errores aprendió y creció en sabiduría (sabiduría no es lo mismo que conocimiento); y conforme crecía en sabiduría, se hacía más cercano a Dios y a las personas. Yo en algunos momentos me creí muy inteligente, pero no crecí en sabiduría. Si hubiera sido sabio me hubiera acercado más a Dios y a las personas, como lo hizo Jesús, pero no fue así: me alejé del Padre y procuraba no involucrarme emocionalmente con las personas, salvo algunas excepciones.

Pocas semanas antes de escribir este texto, por primera vez me dirigí al Señor y le dije, — "Bríndame sabiduría con mi familia para formarla en ti y ser buen esposo y buen padre; dame sabiduría en el trabajo, en cómo dirigirme a las personas y cómo desarrollar los planes; y bríndame sabiduría para saber cómo actuar ante cualquier circunstancia". Aunque muchas veces le pedía al señor por que las cosas resultaran bien, fue la primera ocasión en que reconocí mis limitaciones, fue la primera ocasión en que, reconociendo mi incapacidad, pedí la ayuda de Él... logré comprender que no soy autosuficiente.

El rey Salomón reconoció sus limitaciones ante el Señor, tuvo humildad, y ante el gran reto que tenía delante pidió sabiduría a Dios para poder gobernar a su pueblo y hacer lo bueno delante de Él.

Mi Dios no es una religión

[1] Por aquel tiempo pasaba Jesús por los sembrados en sábado. Sus discípulos tenían hambre, así que comenzaron a arrancar algunas espigas de trigo y comérselas. [2] Al ver esto, los fariseos le dijeron:

—¡Mira! Tus discípulos están haciendo lo que está prohibido en sábado. [3] Él les contestó:

—¿No han leído lo que hizo David en aquella ocasión en que él y sus compañeros tuvieron hambre? [4] Entró en la casa de Dios, y él y sus compañeros comieron los panes consagrados a Dios, lo que no se les permitía a ellos, sino solo a los sacerdotes. [5] ¿O no han leído en la ley que los sacerdotes en el templo profanan el sábado sin incurrir en culpa? [6] Pues yo les digo que aquí está uno más grande que el templo. [7] Si ustedes supieran qué significa esto: "Lo que pido de ustedes es misericordia y no sacrificios", no condenarían a los que no son culpables.

[8] Sepan que el Hijo del hombre es Señor del sábado.

[9] Pasando de allí, entró en la sinagoga, [10] donde había un hombre que tenía una mano paralizada. Como buscaban un motivo para acusar a Jesús, le preguntaron: —¿Está permitido sanar en sábado?

[11] Él les contestó: —Si alguno de ustedes tiene una

oveja y en sábado se le cae en un hoyo, ¿no la agarra y la saca? 12 ¡Cuánto más vale un hombre que una oveja! Por lo tanto, está permitido hacer el bien en sábado.

13 Entonces le dijo al hombre: —Extiende la mano. Así que la extendió y le quedó restablecida, tan sana como la otra. 14 Pero los fariseos salieron y tramaban cómo matar a Jesús.

Religión: Conjunto de creencias religiosas, de normas de comportamiento y de ceremonias de oración o sacrificio que son propias de un determinado grupo humano y con las que el hombre reconoce una relación con la divinidad (un dios o varios dioses).[8]

Me es doloroso escuchar o leer de personas que manifiestan la necesidad de sacar a Dios y sus principios de vida y convivencia, para hacer lo que les parezca más conveniente; y afirman que Dios y la religión no deben inmiscuirse en su toma de decisiones. Muchas veces cuando se expresan usan las palabras Dios y religión como sinónimos, y me entristece ver como tratan de

---

[8]

https://www.google.com/search?q=significado%2Bde%2Breligion&oq=significado%2Bde%2Breligion&aqs=chrome..69i57j0l5.21499j1j8&sourceid=chrome&ie=UTF-8

ridiculizar a mi Padre. Me gustaría mucho que las personas que enmarcan a Dios como una religión o en una religión, sepan que el mismo Jesús, el Dios hecho hombre, se enfrentó a la estructura religiosa. Los enfrentamientos que tuvo con los fariseos fueron para quitar todos esos rituales y prácticas que limitaban a las personas para relacionarse con el Padre, y guiarnos a la libertad de poder entablar una relación con Él. Cristo vino a mostrar el amor y la misericordia del Padre por sus hijos, y que Él es tan grande y tan flexible que es imposible encasillar su amor y misericordia dentro de una estructura de procedimientos y reglas.

Comento mi siguiente vivencia... Muchas personas creen que para orar a Dios es necesario estar de rodillas, o postrado, a solas, en un espacio apartado de cualquier tipo de distracción, o en un templo; no me parece en lo absoluto que esté mal, pero yo encontré otra forma de estar a solas con mi Padre, en un espacio donde puedo despejar mi mente, relajarme y sentirme en intimidad con Él, y es mientras me ejercito corriendo.

Usted probablemente en este momento se sorprendió o pensó que mi forma de intimar con Dios es irreverente. Yo también en algún momento tuve mis dudas si era correcto, pero entre más conversaba con

Dios mientras corría, más cercano lo sentía, hasta han sucedido ocasiones donde lloro mientras troto, y con cierta regularidad se me escapa alguna que otra lágrima. Para mí son ratos deliciosos, placenteros para pasar tiempo con mi Padre. Hasta que un día Dios me habló por medio de otra persona que no conocía mi práctica, y me dijo "nunca hemos tenido una relación tan cercana, y me agradan las nuevas formas que has encontrado para estar en comunión conmigo", para mí fue un alivio y una gran motivación saber que Él aprobaba mi forma de acercarme a su trono, una forma atípica que podría ser señalada como irreverente; pero Dios miró mi corazón y mi anhelo de compartir con Él; ese es nuestro espacio, nuestro momento de estar a solas.

Mi Dios no es una religión, y puedo estar en contacto con Él en todo momento, mientras conduzco, mientras me baño; y no solo eso, también le he mostrado mi enojo. No olvido que un día mientras corría al medio día, en medio de un proceso de crecimiento y aprender a confiar en Él, para evitar tomar el control de las cosas y el futuro, le dije "¿Qué quieres de mí?, me abriste la oportunidad de estudiar y actualizarme, y ¿para qué?!"

Yo estaba ofuscado porque buscaba una nueva opción de trabajo donde crecer, y siempre llegaba a estar entre los candidatos finales y las puertas no se abrían; así que me comporté como un adolescente, reclamando de manera desafiante. Aunque no fue de la mejor manera, me desahogué, me tranquilicé un poco, me disculpé con Dios, y como dice un amigo consejero, "Dios no tiene problemas de autoestima", así que lo que yo le diga, no le afectará. Unos meses después vi en mi vida como sus planes se realizaban en mí de una forma poco lógica (algunas personas lo describen como "demasiadas casualidades", otras como milagroso) para mi limitada forma de pensar, y me brindó espacio en un lugar donde he podido mejorar.

En referencia al nuevo trabajo, también me dijo Dios a través de la misma persona que me habló sobre mi relación con Él...

— "Tendrás mucho trabajo, pero seré Yo quien te lo mande, así que no te preocupes si no tienes tanto tiempo como ahora para pasar conmigo"...

¡Me disculpó de antemano!, no es un Dios "plano" que solo demanda, es flexible, es comprensivo, y sí, he tenido mucho trabajo, pero procuro aprovechar pequeños momentos hasta conduciendo, o unos minutos mientras almuerzo, o algún otro espacio para conversar con mi Padre; en todo caso, siempre está a mi lado, y gracias a lo que enseñó Jesús, no requiero de procedimientos o burocracia para hablar con mi Papá Dios. Pienso cómo mi hijo adolescente, estando yo en mi cuarto, entra sin pedir permiso, da unos pasos, me comenta o pregunta algo, conversamos, y luego sale a hacer sus cosas. Así es nuestro Padre, nos tiene siempre la puerta abierta, y la ventaja es que nunca está ocupado para escucharnos, brindarnos su consejo o fortalecernos.

En otra ocasión, Dios usó un texto de mercadeo de uno de mis autores preferidos para hablarme. No fue la Biblia, fue un texto sobre mercadeo estratégico. ¿Era lógico que Dios usara un libro que no fuera la Biblia u otro basado en sus enseñanzas para hablarme? Para mí no lo era hasta ese momento. Me habló en mi lenguaje profesional por medio de un autor que no es David, Salomón, Pablo o Pedro.

Como buen Padre, se inclinó hacia mí para que yo comprendiera. No le importó que no fuera por medio de la Biblia, pero ese texto calzaba 100% con lo que Él estaba enseñándome sobre planificar el futuro, y como me costaba entenderle y asimilar lo que quería que aprendiera, se adecuó a mi. Dios no es religioso, tan solo desea que tengamos la disposición y libertad de tener una relación con Él, sin reglas que limiten nuestro caminar diario con el Padre.

Nuestro amoroso Señor anhela que lo involucremos en nuestra cotidianidad. Cuando mis hijos me cuentan lo que les sucedió en el día, me comentan algún plan, me solicitan ayuda, o me explican sobre algo que yo no conozco mucho, me siento bien, me hacen sentir que formo parte de sus vidas; así me imagino que nuestro Padre se siente cada vez que lo incluimos en nuestra cotidianidad.

Jesús es Dios, y vino a enseñarnos que Él no es religión. Vino a mostrarnos que Dios es Padre, que no precisamos sacerdotes o sumos sacerdotes para estar en comunión con Él, que sus mandamientos y consejos no son limitaciones para nuestras vidas, sino recomendaciones para mejor vivir y convivir.

Yo lo veo como cuando una madre o un padre le dicen a sus hijos, "no toques el disco de la cocina porque te quemas!" No es una limitación para vivir y disfrutar, sino un consejo para que no se haga daño, porque las consecuencias pueden ser dolorosas y dejar cicatrices.

Jesús invita a que andemos con Él, que caminemos con Él, a que hagamos lo bueno ante el Padre para crecer como personas. Creo que hacer lo bueno ante Dios no es un acto religioso, es un acto de aceptación de mis muchas limitaciones como persona, y el reconocimiento de que sus consejos son guías para vivir mejor. Así como cuando aconsejo a mi hijo con sus asuntos de estudio y de vida, le digo "yo ya pasé por eso... si aceptas mi sugerencia te recomiendo que hagas esto... organízate de esta forma... reconoce y pide ayuda cuando la necesites, yo procuraré ayudarte, o si no buscaremos la ayuda de alguien más."

La parábola del hijo pródigo muestra muy bien el amor y anhelo del Padre por compartir con cada hijo y cada hija, que aunque enseña sobre hacernos responsables de las consecuencias de nuestras decisiones, y el peligro de sacar a Dios de nuestras vidas, ilustra de forma maravillosa cómo desea que el hijo reconozca su error y regrese a casa. Él siempre estará pendiente de nuestro regreso, siempre estará pensando en cada uno de nosotros, deseando abrazarnos, amarnos y darnos la posición de hijos e hijas a la que en algún momento renunciamos. Es el Padre que está a la espera de la llamada, el mensaje de texto, diciendo "me arrepiento, perdóname, puedo regresar al hogar, ¿me recibes nuevamente?" Él no te juzgará y te recibirá... eso no lo comprendieron los religiosos de la época de Jesús, y más bien por la religión, Jesús fue condenado a la muerte.

Hacer lo bueno

Salmo 40:6-8   Nueva Traducción Viviente (NTV)

[6] No te deleitas en las ofrendas ni en los sacrificios. Ahora que me hiciste escuchar, finalmente comprendo: tú no exiges ofrendas quemadas ni ofrendas por el pecado. [7] Entonces dije: «Aquí estoy. Como está escrito acerca de mí en las Escrituras: [8] me complace hacer tu voluntad, Dios mío, pues tus enseñanzas están escritas en mi corazón».

Recuerdo que en un periodo de restauración y crecimiento personal, un día conversando con mi consejero le consulté sobre cómo agradar a Dios, cómo complacerle, a lo que me respondió: "haciendo lo bueno para Él". No sé si él lo habrá notado, pero en ese momento sentí como si la luz se abría paso en el horizonte lleno de niebla. Sentí cómo se me quitaba un peso de encima, una carga que no tenía capacidad de llevar.

Comprendí que podía agradar a mi Dios sin necesidad de sentirme obligado por cumplir reglas o normas. Yo cumplía toda una serie de buenas reglas:

observar al pie de la letra los diez mandamientos, de los que creo que son como vallas de protección para mantener una vida ordenada en lo esencial, orar una cantidad de minutos u horas al día, leer como mínimo un capítulo de la Biblia al día, ayunar con regularidad, entre otros consejos que me brindaron recién habiendo confesado que recibía a Jesús como Señor en mi corazón. Con esto no quiero decir que no es necesario estudiar su palabra y conversar con Él; pero más allá de hacerlo por una regla que cumplir, lo que nuestro Padre desea es que lo hagamos porque disfrutamos estar con Él.

Antes del sacrificio de Jesús, se acostumbraban los sacrificios y las ofrendas, así como las de Caín y Abel. Dios no se agradó por la calidad de las ofrendas de los hijos de Adán y Eva, sino por la actitud de cada uno de ellos hacia Él, por el deseo en su corazón de agradarle, de hacer lo bueno para Dios.

Me pongo a pensar en la viuda del Nuevo Testamento, que ofrendó una simple moneda, ante otras grandes cantidades de dinero de los ricos. Jesús se complació con la ofrenda de la mujer porque dio todo lo que tenía de corazón, porque quería hacer lo bueno (como Abel), mientras otras personas lo hacían solo por cumplir una regla (como Caín) en forma legalista, y probablemente quieriendo lucirse ante las personas. A mi parecer, a Caín y a las personas ricas que menciona Jesús, no les interesaba si Dios se complacía o no por sus acciones, tal vez porque no le conocían, y tampoco eran conscientes de su propia débil condición humana.

Relaciono un poco estas situaciones con mi hijo mayor y los estudios. Independiente de que le pido buenas calificaciones, lo que le exijo es que brinde su mejor esfuerzo. Muchas ocasiones ha tenido una buena actitud y logra calificaciones sobresalientes, lo cual sabe que me complace y lo felicito con entusiasmo. También se han presentado momentos en que a pesar de haber hecho un gran esfuerzo, la calificación no es buena, pero de igual forma tiene la confianza de acercarse y decirme el resultado porque sabe que yo valoro su esfuerzo más que la nota. Mi hijo sabe que no lo voy a señalar de mala forma, que más bien me ofrezco a ayudarle, y si es el caso pedir ayuda a otras personas que tangan la capacidad de evacuar sus dudas.

Dios mira nuestro corazón, nuestro deseo de querer hacer lo bueno ante Él, sin necesidad de hacerlo notar a otras personas. Pero para actuar de corazón y no simplemente por cumplir una regla, es necesario conocer a nuestro Padre, y para conocerlo debemos estar con Él. Como logramos conocer a una persona es compartiendo con ella, y si convivimos bajo un mismo techo, aún le conoceremos mejor. Cuando nos relacionamos constantemente con alguien, sabemos lo que le agrada y lo que le molesta, lo que le alegra y lo que le entristece. Nuestro Padre en su Palabra nos enseña qué es bueno y qué es malo, pero más allá de que memoricemos sus instrucciones para conducirnos en la vida, Él desea que le conozcamos y que nos comportemos agradándole como hijos que honran a su Padre, y así nos vaya bien en todo.

Según mi vivencia, concluyo con lo siguiente... entre más ando con Dios, más le conozco; entre más le conozco, más le amo; entre más amo a mi Padre, más deseo honrarle y obedecerle.

Mi compromiso con Dios
y conmigo mismo

Mateo 21:18-20   Nueva Traducción Viviente (NTV)

[18] Por la mañana, cuando Jesús regresaba a Jerusalén, tuvo hambre [19] y vio que había una higuera junto al camino. Se acercó para ver si tenía higos, pero solo había hojas. Entonces le dijo: «¡Que jamás vuelva a dar fruto!».
De inmediato, la higuera se marchitó.
[20] Al ver eso los discípulos quedaron asombrados y le preguntaron:
—¿Cómo se marchitó tan rápido la higuera?

Juan 14:15-16   Nueva Traducción Viviente (NTV)

Si me aman, obedezcan mis mandamientos. Y yo le pediré al Padre, y él les dará otro Abogado Defensor, quien estará con ustedes para siempre.

Juan 15:9-10, 16   Nueva Traducción Viviente (NTV)

Yo los he amado a ustedes tanto como el Padre me ha amado a mí. Permanezcan en mi amor.

[10] Cuando obedecen mis mandamientos, permanecen en mi amor, así como yo obedezco los mandamientos de mi Padre y permanezco en su amor.

[16] Ustedes no me eligieron a mí, yo los elegí a ustedes. Les encargué que vayan y produzcan frutos duraderos, así el Padre les dará todo lo que pidan en mi nombre.

Compromiso:

La palabra compromiso deriva del término latino compromissum y se utiliza para describir a una obligación que se ha contraído o a una palabra ya dada. Por ejemplo: "Mañana a las cinco de la tarde paso por tu casa, es un compromiso". En ocasiones, un compromiso es una promesa o una declaración de principios, como cuando un hombre con cargo político afirma: "Mi compromiso es con la gente" o "He adquirido el compromiso de solucionar esta cuestión en el transcurso de la semana".[9]

El término compromiso puede ser usado como sinónimo de: obligación, contrato, deber, convenio, por ende, compromiso es un tipo de acuerdo que puede considerarse como un contrato no escrito en el cual las partes asumen ciertas obligaciones o, adquieren responsabilidades, en este sentido el ser humano todos los días contrae

---

[9] https://www.significados.com/compromiso/

responsabilidades desde la más simple hasta las más complejas y, el compromiso u obligación de cumplirlas como consecuencia de su asentimiento.[10]

De niño, mi madre me enseñó a ser un persona disciplinada y a dar el máximo esfuerzo en pos de lograr un objetivo; así como también hacer valer mi palabra dada. Me enseñó que si decidía involucrarme en un proyecto, ya fuera individualmente o junto con otras personas, tenía que brindar lo mejor de mí para lograr la meta, y en el caso de estar en un grupo de trabajo, si por alguna razón de gran relevancia no podía cumplir, mejor retirarme por un tiempo mientras lograba solucionar y revisar si realmente podría continuar apoyando. Así también, con los años aprendí que el autosacrificio y negarme a mí mismo por otras personas, era una de las muestras más puras de amor.

Sin temor a equivocarme, muchas personas que llegan a conocerme me pueden describir como una persona responsable, que cuando se compromete con algo o alguien, doy el máximo esfuerzo por cumplir; pero también han habido momentos en que he faltado a ese compromiso, por lo que he tenido que pedir perdón.

---

[10] https://www.significados.com/compromiso/

A mis 39 años, luego de casi 30 años de llamarme seguidor de Cristo, y haber declarado que Él era mi Señor, me di cuenta que no me había comprometido con las personas que me acompañarían hasta el fin de mis días, realmente no me había comprometido con mi Dios ni conmigo. Aunque por muchos periodos de mi vida le serví, mi compromiso hacia Él había sido débil, y los frutos que yo había dado no fueron duraderos. También tengo claro que por largas épocas de mi vida no di fruto; y no es que ahora esté preocupado por dar fruto, pero sí me ocupo de tener una relación con mi Padre, soy consciente de su presencia, de que está junto a mí en todo momento. Porque le amo, quiero obedecerle y honrarle, deseo que se sienta orgulloso de este hijo que adoptó. Yo sé que durante varias etapas de mi vida, además de no dar fruto, muy probablemente hasta tenía hojas marchitas, pero aún así, su amor y su misericordia pudieron más, y no actuó conmigo como lo hizo con la higuera, porque Él creyó en mí, vio algo en mí que yo no podía ver; el Padre mi miró con ojos de amor y misericordia para hacerme una mejor persona.

Lo que yo no entendía es que acercándome a Dios y procurando hacer lo bueno para Él, mi vida podría cambiar y transformarme desde mi interior, sanarme y poder ser un mejor individuo. Y la gran ventaja es que, en una relación de obediencia con Dios, siempre nos impulsará a crecer de la mano del Padre, porque para Él, siempre seremos sus hijas e hijos amados, a quienes está dispuesto a enseñar y guiar.

A los 39 años tomé la decisión de no soltarme de mi Dios y estar más cerca de Él, a tal punto que un día, sin pensarlo, pero sintiendo cómo fluía desde adentro de mi ser, le pude decir algo que nunca creí posible: al fin pude confesar desde mi corazón que la relación que ahora tenía con Él no la cambiaba por nada ni por nadie... ya había dejado de entender el primer mandamiento para empezar a vivirlo. Ya no necesitaba de otras personas ni de sus muestras de afecto para vivir, ahora las podía disfrutar y saborear sus gestos de amor y cariño. Ahora podía amar de forma equilibrada, estaba comprometido con Dios y conmigo, sin dejar de amar a mi esposa, mis hijos y semejantes.

Ahora me miro a mi mismo como una ofrenda para mi Señor, quiero que mis acciones le honren, y tengo el compromiso de conocerle cada día más, de hacer lo bueno delante de Él; y si fallo, sé que ante mi arrepentimiento Él tendrá misericordia y me levantará para continuar por el camino que ha trazado para mí.

¿Y qué sucede con las personas a mi alrededor ?... quiero ser de bendición, deseo ser alguien que les impulse a ser mejores, quiero que disfruten tanto o más que yo del amor del Padre, deseo que le conozcan y que sientan que pueden acercarse sin necesidad de esquemas ni procedimientos. Y en cuanto a mí, ahora sé lo que valgo para Dios, ahora sé que amándome y respetándome a mí mismo podré amar con libertad a mi familia y a las personas a mi alrededor. Con Dios en el centro de mi vida, aprendí a comprometerme con Él y conmigo.

No fue un domingo cualquiera, fue un domingo diferente, Jesús me mostró su amor

Juan 15:13   Nueva Traducción Viviente (NTV)

[13] No hay un amor más grande que el dar la vida por los amigos.

El domingo del 3 de junio del año 2018 quedará marcado en mi vida para siempre. Un día del que tenía la expectativa de disfrutarlo al máximo con Andrea, mi esposa, y mis hijos, Rodolfo José y Esteban, Dios lo enriqueció de una manera maravillosa e inesperada.

En varias ocasiones, en el transcurso de más de un año, mi esposa y mis hijos conversamos en varias ocasiones de volver al estadio para ver un juego de fútbol. Esteban, mi hijo menor, solamente había tenido la experiencia de estar en un estadio de fútbol en una ocasión; Rodolfo José, mi hijo mayor, ya había disfrutado de ver en vivo un juego en varias ocasiones. Incluso fuimos a un partido eliminatorio para el mundial de fútbol del año 2014, momento que recordamos con jocosidad por varias situaciones que se dieron ese día camino al estadio.

Cuando anunciaron el juego de despedida de la Selección de fútbol de mi país antes de irse a competir al mundial del año 2018, pensé que era el partido ideal para todos fuéramos al estadio, así que lo comenté a mi familia y unánimemente decidimos ir. Quedé atento al día que vendieran las entradas, y a los pocos minutos de estar disponibles las compré por Internet, procurando los mejores espacios posibles para que pudiéramos ver el juego desde el mejor lugar y disfrutarlo.

Todos estábamos felices que podíamos estar en ese partido. Yo pensaba que ese domingo sería diferente, que haríamos cosas distintas, y que disfrutaríamos mucho ese día. Esteban estaba feliz de que podría ver al equipo de Costa Rica, y me propuse ayudarle a que disfrutara ese momento al máximo, sin importar el resultado del juego. Yo quería que ese domingo fuera diferente, y que lo disfrutáramos sin contemplaciones.
El viernes antes del juego, cuando llegué a casa del trabajo, Esteban me muestra con gran emoción las cosas que compró junto con Andrea para llevar al estadio... gorra de Costa Rica, cornetas con los colores de la

bandera de nuestro país, y otros artículos acostumbrados para identificarse y apoyar a la Selección, además de capas por si llovía. Volví a pensar, "este domingo tiene que ser diferente, quiero que todos lo disfrutemos al máximo, y que la primera experiencia de mi hijo menor en un juego de Costa Rica la pueda recordar con alegría por todo lo vivido, independientemente del resultado". Mis hijos estaban emocionados, ya que también tendrían la oportunidad de ver jugar al portero titular del equipo costarricense[11], quien recientemente había ganado por tercera vez consecutiva el título más importante a nivel de clubes de fútbol que un jugador pueda lograr. Así que ese domingo 3 de junio sería diferente y lo disfrutaríamos mucho.

Llegó el domingo, fui el primero en despertar, unos minutos antes de las 6 de la mañana. Me levanté procurando no hacer mucho ruido para que mi esposa no despertara y tomé mi teléfono celular, bajé con la intención de poner la cafetera. En vez de ir a la cocina, preferí sentarme en la sala, encendí mi teléfono y comencé a buscar por internet canciones de alabanza y adoración. En muchas ocasiones, en vez de orar, prefiero brindarle a Dios alabanza y adoración, ya que esos

---

[11] Keylor Navas.

momentos me hacen sentir muy cerca de Él por lo que los disfruto mucho, aunque sean unos pocos minutos. A los segundos de haber puesto una canción que hacía unos días había oído y cantado, referida al sacrificio y perfecto amor de Jesús, sentí cómo la información que tenía en mi mente se acomodaba en mi cabeza como si fueran las partes de un rompecabezas. En ese momento recordé una conversación que tuve con un amigo consejero donde me decía que yo era amigo de Dios, que por la forma en que yo me expresaba y le hablaba a Dios era una relación de amigos. Aunque sus palabras me quedaron divagando en la mente, no le brindé mayor importancia porque en ese momento me sentía frustrado por una serie de situaciones, y hasta sentía cierto enojo hacia Dios. Enseguida me acordé de un capítulo de un libro que leí, donde el autor hacía énfasis en el amor de Jesús y el Padre, así como recordé el tema de la amistad que recientemente había sido estudiado en una reunión de estudio bíblico de la comunidad de fe; allí comentábamos el texto donde Jesús dice que la mayor expresión de amor es dar la vida por sus amigos. Inmediatamente vino a mi mente el pasaje de la Biblia en donde Judas entrega a Jesús a quienes querían matarlo, pero el Hijo de Dios le llama "amigo".

Así que fue como si hubiera encontrado las partes perdidas de un rompecabezas. Cuando yo leía o escuchaba el pasaje donde Jesús hablaba sobre el amor de un amigo al punto de dar su vida por la del otro, yo pensaba, "podré dar mi vida por mi familia, pero por un amigo creo que no", y aclaro: aún sigo dudando si daría mi vida por otra persona que no sea mi familia; pero el amor de Jesús es tan grande y tan perfecto, que Él sí lo hizo. No sé qué habrán pensado sus discípulos cuando Jesús les dijo que no hay mayor amor que el que da la vida por sus amigos. ¡Jesus les estaba diciendo que Él era capaz de dar su vida para que ellos vivieran!!... y Judas estaba incluido!; aún segundos antes de que Judas lo entregara, le llamó amigo.

¿Sabes qué?... ¡Yo soy ese Judas por el que Jesús murió para que tuviera vida! Jesús, al decirle amigo al discípulo que había planificado su traición, que había ideado entregarlo a quienes querían matarlo, le estaba dando este mensaje... "No me importa que me entregues a quienes desean juzgarme y matarme, yo daré mi vida por ti, aún estás a tiempo de arrepentirte". Siempre pensaba, "¿habrá sido injusto Dios? Yo sé que tú eres justo, pero no entiendo por qué condenar a Judas desde un inicio."

Ahora sé que Jesús también quiso que Judas viviera:

¡le dijo amigo!, Jesús iba a morir por él, pero la decisión de arrepentirse estaba en Judas.

Yo soy el Judas que aunque le traicione, Jesús está dispuesto a dar su vida por mí. Yo soy el Judas a quien le brinda la oportunidad de vivir. Yo soy el Judas a quien ama a tal punto de morir desangrado clavado en una cruz, aunque le haya traicionado.

El Padre me pensó antes de ser engendrado, y desde ese momento Jesús ya me consideraba su amigo, me llamó amigo desde antes de que yo naciera. Indiscutiblemente, solo Dios tiene esa capacidad tan pura y perfecta de amar; Él solo espera a que le demos su lugar en nuestras vidas y corazones.

Y ese domingo 3 de junio fue maravilloso, Dios me sorprendió, y fue un domingo distinto a muchos otros. Mi familia y yo disfrutamos ese día. Esteban vivió en grande ese día, y la Selección de Costa Rica ganó. No sé si Jesús habrá celebrado los goles del equipo costarricense, pero sí sé que celebró la alegría de mi familia y la mía, como un hermano mayor en su perfecto amor se alegra y celebra la felicidad de su familia. Dios nuevamente me sorprendió, y me permitió comprender su amor y bondad. Ese domingo sí fue diferente.

Mi Dios es bueno

1 Crónicas 21:13   Nueva Traducción Viviente (NTV)

13 —¡Estoy en una situación desesperada! —le respondió David a Gad—. Mejor que caiga yo en las manos del SEÑOR, porque su misericordia es muy grande, y que no caiga yo en manos humanas.

¡Sí!, y mil millones de veces ¡sí!, y no me canso de afirmar que mi Dios es bueno, y a quien me diga lo contrario le abriré mi corazón para contarle cómo me ha transformado, cómo me ha tomado de la mano en mis momentos más duros, cómo he sentido el abrazo del Padre rodear mi cuerpo y alma, como sus palabras, en vez de señalarme y enjuiciarme, me han reconfortado y brindado ánimo; cómo al entregarle mi vida y futuro, que para mí eran un rompecabezas, se han ido transformando en una pintura preciosa e inimaginable.

¿Que si las cosas han sido fáciles, que si mi vida ha sido ir cuesta abajo sin necesidad de pedalear ? ... pues no, y estoy seguro que la de nadie. ¿Que en algún largo periodo de mi vida creí tener todo resuelto sin necesidad de Dios? -aunque me declaraba cristiano evangélico y el Señor me brindaba la posibilidad de servirle ... pues sí.

¿Y qué hizo Dios? Enseñarme que Él es Dios y que sin Él nada puedo hacer, ya que tan solo abrir mis ojos y poner mis pies en el suelo para levantarme es un acto que resulta de su infinito amor y misericordia. Me ha enseñado que no necesito de nada ni nadie más que Él para ser yo, Rodolfo Antonio Mora Murillo, su hijo amado. Que en Él sí puedo poner toda mi confianza, y que si lo dejo obrar en mí, no me defraudará, y me recompensará como un Padre en su perfecto amor sabe gratificar a su hijo. Aunque en mí sí cabe el verbo decepcionar porque no   soy perfecto, Dios no decepciona.

¿Que si aprender y crecer es fácil? ... Pues no, el mismo Jesús nos dijo que tendríamos aflicción. Aflicción es la acción y el resultado de afligir o afligirse. Hace referencia a un profundo sentimiento de tristeza, pena, dolor o sufrimiento. Pero acto seguido nos dijo que no temiéramos, porque Él estaría con nosotros. En mi caso le oí, pero me creí más que suficiente para mantener en control mi vida, y tuve la ilusión que con tan solo comentarle a Dios mis planes -que yo creía inquebrantables, era suficiente sin tomarlo en cuenta en mis decisiones.

Yo dejé de vivir el "hoy" y agradecerle a Dios por las bendiciones diarias, para encargarme de un futuro que no podía controlar. ¿Que si puedo reclamarle a Dios por las dificultades que he pasado? Aunque lo puedo hacer y Él no se molestará por eso, creo que mis decisiones, indecisiones y acciones me llevaron por un camino que en algún momento me distanciaron de Dios. ¿Que si me arrepiento de esos malos ratos? No, no me arrepiento de esos periodos de dificultad, porque me han hecho acercarme a Dios y relacionarme con Él de una forma que en algún momento pensé que podría, pero que recién ahora empiezo a vivir. Circunstancias que mi Padre permitió para que me empujaran a salir de mi zona de confort y crecer... El enemigo creyó enterrarme, pero Dios al ver mi corazón, llegó a mi rescate y me levantó.

Un día le dije a un amigo consejero, "creo que Dios ha sido demasiado bueno conmigo" y él me respondió con unas palabras que me marcaron hasta hoy: "para un padre nunca es demasiado".

Con toda certeza puedo decir que Dios nunca me ha defraudado, nunca me ha fallado, nunca; y ahora soy consciente, como no lo he sido antes, de su infinito amor y bondad. Sí he tenido que aprender a hacerme responsable de mis decisiones, acciones e inacciones. He cometido actos de los que yo mismo he pasado años sin perdonarme, y de los que probablemente muchas personas ya me hubieran dado sentencia condenatoria, pero cuando he buscado el perdón del Padre y Señor de todo, tan solo he recibido su amor.

A ti, mi Dios y Padre, ¡gracias por tu amor y misericordia!... te amo, mi Dios.

Coleccionista de momentos

Éxodo 16:19-25   Nueva Traducción Viviente (NTV)

19 Entonces Moisés les dijo: «No guarden nada para el día siguiente».20 Sin embargo, algunos no hicieron caso y guardaron un poco hasta la mañana siguiente; pero para entonces se había llenado de gusanos y apestaba, y Moisés se enojó mucho con ellos.

Mateo 6:25-34   Nueva Traducción Viviente (NTV)

25 »Por eso les digo que no se preocupen por la vida diaria, si tendrán suficiente alimento y bebida, o suficiente ropa para vestirse. ¿Acaso no es la vida más que la comida y el cuerpo más que la ropa? 26 Miren los pájaros. No plantan ni cosechan ni guardan comida en graneros, porque el Padre celestial los alimenta. ¿Y no son ustedes para él mucho más valiosos que ellos? 27 ¿Acaso con todas sus preocupaciones pueden añadir un solo momento a su vida?
28 »¿Y por qué preocuparse por la ropa? Miren cómo crecen los lirios del campo. No trabajan ni cosen su ropa; 29 sin embargo, ni Salomón con toda su gloria se vistió tan hermoso como ellos. 30 Si Dios cuida de manera tan maravillosa a las flores silvestres que hoy están y mañana se echan al fuego, tengan por seguro

que cuidará de ustedes. ¿Por qué tienen tan poca fe?
[31] »Así que no se preocupen por todo eso diciendo: "¿Qué comeremos?, ¿qué beberemos?, ¿qué ropa nos pondremos?". [32] Esas cosas dominan el pensamiento de los incrédulos, pero su Padre celestial ya conoce todas sus necesidades. [33] Busquen el reino de Dios por encima de todo lo demás y lleven una vida justa, y él les dará todo lo que necesiten.

[34] »Así que no se preocupen por el mañana, porque el día de mañana traerá sus propias preocupaciones. Los problemas del día de hoy son suficientes por hoy.

"Dejé de vivir el hoy, para controlar un futuro que no podía controlar". " Solo puedo controlar lo que pienso, siento y hago" . "El mañana será consecuencia de lo que construya hoy"... Son algunas frases que he escrito como consecuencia de lo que mi Padre me ha enseñado.

Qué difícil me fue aprender que no soy Dios y que no podía controlar mi futuro. Qué difícil se me hizo comprender que Dios sí sabe lo que es mejor para mí. Cómo me costó reconocer que no tengo el poder de ser autosuficiente; dejé que mi orgullo y soberbia crecieran en mí, lo que provocó que aunque creía en Dios, no le creyera a Él lo suficiente para entregarle mi futuro y mis anhelos.

No confiaba en mi Padre, por lo que decidí creer que yo sí podía controlar todo mi entorno para que todo saliera según mis planes. Hoy soy consciente de que me faltó la humildad que sí tuvo Salomón al reconocer sus limitaciones humanas y pedirle a Dios sabiduría para gobernar correctamente la nación de Israel.

Me sucedió lo mismo de la persona que no creyó en la palabra de Dios de no guardar Maná para los días siguientes, porque Él proveería todos los días. Probablemente ni disfrutó esa primera comida, pensando en qué pasaría al día siguiente. Se ocupó de pensar en la comida de mañana, en vez de agradecer y disfrutar el alimento que envió Dios.

Por muchos años dejé de agradecer, disfrutar, aprender y vivir esos momentos de los que se construye la vida, instantes que conforman mi historia. Y si no los vivo, si no los siento, si no los interiorizo por estar tratando de diseñar un futuro –que en realidad es incontrolable, entonces, ¿qué vivo!? Esos momentos pueden ser bellos, de gran felicidad, o de tristeza, desilusiones y gran dificultad... pero las melodías de un piano serían tan bellas sin teclas negras? En esos momentos de dificultad es donde he encontrado y vivido el amor reconfortante de mi Padre; es cuando me he dado cuenta de mis limitaciones y reconozco su soberanía y poder sobre mí, y sobre todo el entorno que me rodea.

Ahora procuro ocuparme de disfrutar cada día, agradecer a Dios por todo y hacerlo en todo momento, ya sea que lo perciba como una "tecla blanca o una negra". Mi deseo desmedido por controlar el mañana, creyendo conocer lo que era mejor para mí, limitó el accionar de los planes *que tenía* mi Padre en mi vida. Por decirlo de alguna forma, yo no puedo ver más allá de mis narices, mientras Dios, que es el principio y fin, que es omnipresente, está viviendo mi futuro como si fuera hoy.

Me costó entregarle a Dios mi futuro, me fue sumamente difícil decirle: " toma mi futuro, porque yo no puedo controlar el mañana", pero lo hice; me costó quedarme quieto, pero ¿sabes algo?... Ahora disfruto ver a Dios mover las cosas a mi favor, y aunque hay momentos en que no entiendo qué está haciendo, procuro agradecerle a Dios, ser paciente, no juzgar, ver lo bueno, y aprender. Hoy procuro vivir cada día dejando que Dios me sorprenda.

No sé si el título "Coleccionista de momentos" sea el más adecuado, pero ahora cada día, cada sonrisa, cada lágrima, cada momento, son instantes de vida que procuro vivir y atesorar.

De verdad merezco su amor?

Romanos 8:38-39   Nueva Traducción Viviente (NTV)

[38] Y estoy convencido de que nada podrá jamás separarnos del amor de Dios. Ni la muerte ni la vida, ni ángeles ni demonios, ni nuestros temores de hoy ni nuestras preocupaciones de mañana. Ni siquiera los poderes del infierno pueden separarnos del amor de Dios. [39] Ningún poder en las alturas ni en las profundidades, de hecho, nada en toda la creación podrá jamás separarnos del amor de Dios, que está revelado en Cristo Jesús nuestro Señor.

Aún mantengo en mi mente las palabras de un amigo consejero al sentirme inmerecedor de los gestos de amor mi Padre... "para un Padre nunca es demasiado". Y saben, mi Dios no se cansa de amar, se deleita, se regocija, anhela que recibamos su amor.

Nunca podré olvidar las ocasiones en que nacieron mis dos hijos, Rodolfo José y Esteban, fueron momentos de gran alegría, mi amor de padre estaba presente, y los amo hasta dar mi vida por ellos en caso de ser necesario. A partir de ese momento fui consciente de que tendría la oportunidad de protegerlos, guiarlos, acompañarlos y brindarles amor hasta el último de mis días.

Era el comienzo de una gran aventura que tendría con cada uno de ellos. Recuerdo la primera vez que los tuve en mis brazos recostados a mi pecho dándoles de mi calor; son momentos, instantes de la vida que no se borrarán de mi mente, son gratos momentos que marcaron mi alma por siempre. ¿Y qué hicieron ellos para merecer ese amor?, pues nada, tan solo existir, los amaba desde que estaban en el vientre de mi esposa, no debieron hacer nada más que existir, no tuvieron que hacer ni un murmullo, no tuvieron siquiera que mirarme, los amé porque así lo decidí desde el momento que supe que estaban creciendo en el vientre de Andrea.

Así mismo con nuestro omnipresente Padre, no precisamos hacer nada para que nos ame con ese perfecto amor que solo Él sabe dar. Me amó a mí y a cada uno de nosotros desde antes que naciéramos; desde antes que fuéramos concebidos nos amó, desde que estuvimos en sus pensamientos ya nos amaba, en ese mismo instante ya nos estaba amando sin importar la decisión que pudiéramos tomar de recibir o rechazar su amor, porque nada ni nadie, ni ninguna cosa creada nos puede separar de su amor.

Yo puedo tomar la decisión de no aceptar su amor, así como lo puedo hacer con cualquier otra persona, pero su afecto siempre estará ahí para mí, para el momento en que decida recibirlo y disfrutarlo, ya que ni yo mismo puedo apartar el amor del Padre de mí... a Él no le importa cuántas veces le rechacemos, su amor siempre estará ahí para mí y para ti.

Dios nos ama simplemente porque así lo decidió, sin importar qué pensemos, qué sentimientos afloren en nosotros, ni qué acciones decidamos hacer. Nuestro Padre no necesita actos de amor de nosotros hacia Él para amarnos, garantizarnos o "comprar" su amor y sus favores; nuestro Dios solo desea que disfrutemos junto con Él cada instante de nuestras vidas; nuestro Padre quiere que le involucremos en cada momento, porque nuestro Dios es una persona, no es una religión cuadrada llena de procedimientos y ritos para acercarnos a Él y hacernos merecedores de su afecto; tenemos libertad de interactuar con Papá en cualquier momento sin importar la condición en que estemos, o qué acciones hayamos hecho.

Dios nos dice que su bien y misericordia nos seguirán todos los días de nuestras vidas... me pongo a pensar, por qué no nos quedamos quietos aunque sea un instante y dejamos que sus acciones de amor nos alcancen... quedémonos quietos, en reposo, y comencemos a disfrutar de su compañía, de su cariño.

Nuestro Padre está esperando que tomemos la decisión de regresar a casa para brindarnos amor, para bendecirnos. Y no nos espera sentado en un sillón viendo T.V., revisando redes sociales; es una espera como Jesús la describe en la Parábola del Hijo Pródigo, es una espera activa. ¿Qué sirviente le avisó al Padre que su hijo estaba cerca de la casa? ¿Quién le comunicó que había visto a su hijo caminando en dirección a la casa? Nadie, absolutamente nadie le dio alguna noticia de que su hijo estaba caminando de regreso; fue el Padre esperanzado en que su hijo volviera, que estaba constantemente observando el horizonte en busca de esa figura que nadie más que Él podría reconocer a la distancia. El hijo estaba desnutrido, sucio, probablemente vestido con ropa rota; hasta probablemente pasó cerca de algún conocido y no le reconoció o se apartó por lo sucio y mal oliente que estaba. Pero su Padre era capaz de reconocerlo, aunque solo se viera una pequeña silueta en el horizonte. El Padre probablemente pasaba desde que amanecía hasta al anochecer, y seguro por las noches acampaba, esperando que su hijo regresara. No fue casualidad que la primera persona que lo viera caminar hacia el hogar fuera Él mismo: estaba constantemente pendiente de que su hijo regresara. ¿Y qué hizo cuando lo vio? No lo pensó ni una vez: ¡fue corriendo hacia donde estaba su hijo!, no mostró enojo, tan solo amor y misericordia... corrió hacia él, le besó y abrazó, y lo bendijo brindándole el lugar de hijo ante las personas y compartiendo sus riquezas con él.

Dios nuestro Padre no nos juzga, nos ama sin importar nada, el suyo no es un amor egoísta. A Jesús no le importó volverse el Primogénito, cuando en algún momento fue el Unigénito. Jesús nos obsequió toda su sangre para que no hubiera duda que somos hijos de Dios.

Dios nos ama de una forma que muchas veces es incomprensible para nosotros, y yo no lo entendía, así que un día tomé una decisión: me hastié de procedimientos, me cansé de los requisitos, deseché mi creencia en un Dios rígido y "cuadrado", para comenzar a vivir y disfrutar de su presencia, de esa persona maravillosa que es mi Padre... y el tuyo también. Un día Dios me hizo una pregunta que me pareció como un reto:
— "¿Cuándo te he fallado?" me preguntó (cada vez que lo recuerdo se me salen las lágrimas)
— "Nunca." fue mi respuesta.

A ti que estás leyendo esto, te invito a experimentar el amor de Dios; no encasilles a Dios en tus moldes mentales, rómpelos y deja que el amor del Padre inunde todo tu ser. Te reto a que lo hagas y experimentes el amor del Padre. Te aseguro que no te defraudará, y que cada día que pase querrás sentirlo cada vez con más intensidad. Te invito a que vivas el amor de Dios, y te aseguro que tu vida empezará a cambiar; nuestro Padre solo espera que caminemos hacia el hogar que nos tiene preparado, para echarse a correr a nuestro encuentro, abrazarnos, besarnos y bendecirnos... somos sus hijos e hijas!

Y para responder la pregunta del título, "¿De verdad merezco su amor?", disculpen el lenguaje, pero ¡qué me importa si lo merezco o no lo merezco!, yo solo sé que su amor está conmigo, que lo siento y lo vivo. Solo me importa disfrutarlo, eso es todo: vivirlo y disfrutarlo.

Me cansé y me rendí

Mateo 5:3   Nueva Traducción Viviente (NTV)

³ «Dios bendice a los que son pobres en espíritu y se
dan cuenta de la necesidad que tienen de él,
porque el reino del cielo les pertenece

Isaías 45:9   Nueva Traducción Viviente (NTV)

9 »¡Qué aflicción espera a los que discuten con su
Creador!
    ¿Acaso discute la olla de barro con su hacedor?
¿Reprocha el barro al que le da forma diciéndole:
    "¡Detente, lo estás haciendo mal!"?
¿Exclama la olla:
    "¡Qué torpe eres!"?

Isaías 55:8   Nueva Traducción Viviente (NTV)

⁸ «Mis pensamientos no se parecen en nada a sus
pensamientos —dice el Señor—.
    Y mis caminos están muy por encima de lo que
pudieran imaginarse.

Proverbios 3:5-6   Nueva Traducción Viviente (NTV)

⁵ Confía   en   el Señor con   todo   tu   corazón;
    no   dependas   de   tu   propio   entendimiento.
⁶ Busca   su   voluntad   en   todo   lo   que   hagas,
    y él te mostrará cuál camino tomar.

Génesis 3:5   Nueva Traducción Viviente (NTV)

⁵ Dios sabe que, en cuanto coman del fruto, se les
abrirán los ojos y serán como Dios, con el conocimiento
del bien y del mal.

Significado de:rendirse
Someterse al dominio o voluntad de alguien o algo,
dejando de oponer resistencia.
"el caballo acaba por rendirse a la destreza del jinete;
tuvo que rendirse ante la evidencia"
Fatigarse mucho o quedarse sin fuerzas.
"se rindió tanto que tuvo que acostarse un rato" [12]
Antónimos: resistir, aguantar, rebelarse. [13]

---

[12]

https://www.google.com/search?q=rendirse&oq=rendirse&aqs=chrome..69
i57j0j35i39j0l 3.2526j0j8&sourceid=chrome&ie=UTF-8

[13] https://www.wordreference.com/sinonimos/rendirse

Hasta que al fin me cansé, me agoté, me fatigué, me entregué, me doblegué; no pude resistir, el ir en una dirección distinta a la de Dios no me dejó mayores frutos. Perdí la batalla, en mi interior era como un soldado con múltiples amputaciones que no me dejaron avanzar. Hice mi propia armadura, creyendo que era mejor que el vestido que había hecho mi Padre a mi medida. Creí que tenía la sabiduría y el conocimiento que Adán y Eva ambicionaron para ser como Dios; sí, fui el barro que le quería dar instrucciones al Alfarero.

Crecí pensando y creyendo que durante mis luchas, serían mis fuerzas las que me sacarían adelante, las que me harían crecer; que habría personas (incluido Dios) que podrían colaborar y ayudarme, pero que los éxitos que lograra serían por mis fuerzas, sería MI logro. Meditándolo bien, tenía una formar de pensar que mostraba sentimientos muy similares a los que menciona Isaías sobre Lucifer; los que me llevaron a actuar de una forma que aunque alab123aba, adoraba y servía a Dios, lo había separado de mi vida, al evitar creerle a Él y no caminar por la senda que había hecho para mí.

¿Sabes qué es lo que más admiro de Salomón?... no es su sabiduría, sino el ser consciente de sus limitaciones para gobernar y dirigir al pueblo de Dios, lo que le llevó a pedir a Dios sabiduría en procura de hacer siempre lo correcto ante su creador.

No sé ustedes, pero al menos yo, he tenido una gran debilidad por controlar y dirigir mi vida según lo que yo creo, a tal punto que he brindado instrucciones paso a paso al Dios creador del universo de cómo debía cumplir mis planes. Cuantas veces oré diciéndole a mi Padre "abre ésta puerta, cierra la otra, quiero hacer o lograr esto, por lo que te pido que bendigas... ábreme camino en ésta dirección, y luego..."

¿Cuántas veces oré y esperé pacientemente hasta escuchar su instrucción? Pues no recuerdo, me parece que nunca lo hice, hasta antes de mis 39 años no me viene a la memoria ningún momento esperando su instrucción, pero sí *dirigiendo* a Dios, y hasta en muchas ocasiones, molesto y confundido porque no me hacía caso.

Ahora a mí me da risa el comportamiento que tuve, una conducta que mostraba total incredulidad. Creía en el Padre, Jesús y el Espíritu Santo, pero no creía que me podían guiar por el camino que Dios había trazado para mí. Él iba delante de mí como poderoso gigante, abriendo brecha, moviendo montañas para que yo avanzara, y sin embargo tomaba la decisión de soltarme de su mano para -según yo, abrir el camino que me convenía; no era consciente de mi limitación para mover las montañas, todo porque no le creía a mi Padre.

Ahora entiendo que si avanzo confiado por la senda que Dios ha hecho para mí, no tengo que preocuparme por las montañas, ríos y mares que estén obstaculizándome: mi Papá se encargará de mover las montañas, detener las corrientes de los ríos, dividir los mares, hacer de una roca una fuente de agua y hasta detener el tiempo con tal de que yo avance.

Me tocó rendirme, ya no pude resistir ni soportar; no pude mover montañas, no pude dividir el mar; no, no pude, no tuve las fuerzas, ni las tengo para hacerlo; así que nada mejor que caminar por donde Dios ya me hizo camino. Tal vez más de una persona se preguntará si hay una fórmula para saber cuál es la voluntad de Dios para su vida. Yo diría que sí la hay, una que al menos a mí me sirvió... caminar de la mano del Padre, desear conocerle y procurar hacer lo bueno para Él sin importar que no sea bueno en la opinión de otras personas.

Cuando de verdad comencé a conocerle, pude

empezar a confiar más en Dios, y hasta amarle más. Porque como Dios es una persona, una relación constante y sincera con Él lleva como consecuencia la construcción de fuertes lazos de amor.

Yo he aprendido a rendirme, porque no tuve más alternativa y solución para seguir adelante que reconocer lo débil que soy, y confiar en lo grande, fuerte bueno y fiel que es Dios.

Quise ser invulnerable...
¿Qué me habré creído?

Mateo 5:3-12   Nueva Traducción Viviente (NTV)

3 «Dios bendice a los que son pobres en espíritu y se dan cuenta de la necesidad que tienen de Él, porque el reino del cielo les pertenece. 4 Dios bendice a los que lloran, porque serán consolados. 5 Dios bendice a los que son humildes, porque heredarán toda la tierra.

6 Dios bendice a los que tienen hambre y sed de justicia, porque serán saciados. 7 Dios bendice a los compasivos, porque serán tratados con compasión.

8 Dios bendice a los que tienen corazón puro, porque ellos verán a Dios.

9 Dios bendice a los que procuran la paz, porque serán llamados hijos de Dios.   10 Dios bendice a los que son perseguidos por hacer lo correcto,

porque el reino del cielo les pertenece.

11 »Dios los bendice a ustedes cuando la gente les hace burla y los persigue y miente acerca de ustedes y dice toda clase de cosas malas en su contra porque son mis seguidores. 12 ¡Alégrense! ¡Estén contentos, porque les espera una gran recompensa en el cielo! Y recuerden que a los antiguos profetas los persiguieron de la misma manera.

[23] pero cuando tu ojo es malo, todo tu cuerpo está lleno de oscuridad. Y si la luz que crees tener en realidad es oscuridad, ¡qué densa es esa oscuridad!

[24] »Nadie puede servir a dos amos. Pues odiará a uno y amará al otro; será leal a uno y despreciará al otro. No se puede servir a Dios y al dinero.

[25] »Por eso les digo que no se preocupen por la vida diaria, si tendrán suficiente alimento y bebida, o suficiente ropa para vestirse. ¿Acaso no es la vida más que la comida y el cuerpo más que la ropa? [26] Miren los pájaros. No plantan ni cosechan ni guardan comida en graneros, porque el Padre celestial los alimenta. ¿Y no son ustedes para él mucho más valiosos que ellos? [27] ¿Acaso con todas sus preocupaciones pueden añadir un solo momento a su vida?

[28] »¿Y por qué preocuparse por la ropa? Miren cómo crecen los lirios del campo. No trabajan ni cosen su ropa; [29] sin embargo, ni Salomón con toda su gloria se vistió tan hermoso como ellos. [30] Si Dios cuida de manera tan maravillosa a las flores silvestres que hoy están y mañana se echan al fuego, tengan por seguro que cuidará de ustedes. ¿Por qué tienen tan poca fe?

[31] »Así que no se preocupen por todo eso diciendo: "¿Qué comeremos?, ¿qué beberemos?, ¿qué ropa nos pondremos?". [32] Esas cosas dominan el pensamiento de los incrédulos, pero su Padre celestial ya conoce todas sus necesidades. [33] Busquen el reino de Dios por

encima de todo lo demás y lleven una vida justa, y él les dará todo lo que necesiten.

Hace muchos años, siendo adolescente, en distintos momentos me dije a mí mismo: "Voy a ser fuerte, seré como una roca, seré como el acero, nada me detendrá; voy a lograr lo que quiero cueste lo que cueste, seré valiente y no dejaré que el dolor sea un impedimento para lograr mis metas. Lo siento por las personas que me encuentre en el camino, si me estorban, tendré de dejarlas a un lado. Seré tan fuerte y astuto como un lobo, no me importa ser un lobo solitario, sobreviviré y triunfaré."

Lo paradójico es que para ese mismo periodo de tiempo tenía gran inquietud por entender y vivir el popular pasaje de las bienaventuranzas, y les comento: ¡prácticamente no entendía nada!, no lo veía lógico, y para justificar mi limitación al comprender, me decía a mí mismo que era un pasaje con una orientación muy simbólica y espiritual. Hasta me puse a leer un libro cristiano con un análisis sicológico de las Bienaventuranzas, y menos entendí y más me confundí, así que dejé el tema ahí.

Los pensamientos que tuve siendo adolescente me comenzaron a marcar hasta mis 39 años. Pasados mis 26 años ya era consciente que tenía un problema emocional; no había podido llorar por muchos años, tal vez una o dos lágrimas se me habrán caído, pero siendo sincero, no puedo asegurar que alguna lágrima se hubiera escapado de mis ojos durante ese tiempo; muchas veces deseé llorar, pero mis deseos de ser invulnerable, los pensamientos y las palabras de mi adolescencia me habían esclavizado a vivir una vida sin vida, una vida insípida, simplemente a vivir sobreviviendo.

Las bienaventuranzas describen a una persona vulnerable, capaz de sentir emociones: alegría, enojo, tristeza; a una persona con empatía, con capacidad de sentir y conmoverse ante el dolor propio u ajeno. Yo renuncié a eso, y fue como si me pusiera una armadura para que me protegiera de todo lo exterior, y así pudiera avanzar sin problemas; pero en vez de protegerme, me dañé a mí mismo: dejé de sentir, dejé de vivir para simplemente sobrevivir, y la felicidad que podía vivir a diario se la cedí al cumplimiento de mis objetivos... lo cual considero que fue una muy mala apuesta, ya que dejé de disfrutar para vivir en la ansiedad.

El concepto de ansiedad tiene su origen en el término latino anxietas. Se trata de la condición de una persona que experimenta una conmoción, intranquilidad, nerviosismo o preocupación. Para la medicina, la ansiedad es el estado angustioso que puede aparecer junto a una neurosis u otro tipo de enfermedad y que no permite la relajación y el descanso del paciente.[14]

Cuando más bien Jesús nos enseña a confiar y depender de Él para poder descansar.

A mis 39 años, mientras asistía a la terapia de Doce Pasos para personas codependientes, me di cuenta de mis limitaciones: los objetivos a los que les había endosado mi felicidad en ese momento estaban derrumbados, así que solo me quedó Dios, mi Padre a quien a acudir para salir adelante; a Él le extendí mi mano y pedí que me rescatara, era mi único refugio.

Al fin lloré, sí, pude llorar como un niño delante del Padre, pasaron más de 20 años sin llorar y al fin sucedió, fue un gran desahogo. Lloré y el Padre me consoló; sentí su amor rodeándome, percibí su amor, sentí su paz, Él enjugó mis lágrimas y me puso en su regazo.

---

[14] https://definicion.de/ansiedad/

Su "hijo pródigo" había regresado al hogar porque sentía necesidad de Papá.

Ya para ese entonces, era consciente del daño que tenía en mi interior, y el que había causado a otras personas; y ante mi arrepentimiento Dios me juzgó, me brindó su perdón y me invitó a que nuevamente caminara tomado de su mano por el camino que tiene preparado para mí.

En lo personal creí que no ser vulnerable me daría gran ventaja sobre todo, me creí autosuficiente; y ahora que me siento vulnerable, valoro la vida que Dios me permite vivir, la disfruto y procuro aprender, procuro ver lo bueno de cada situación y evito señalar o juzgar.

Recuerdo que uno de los últimos días de la terapia de grupo de Doce Pasos, teníamos que llegar vestidos con alguna prenda que nos asociara con un animal; aunque no llegué con una camisa de lobo, me puse una camisa que simbolizaba que pertenecía a un grupo; yo ya no quería seguir siendo un lobo solitario, quería ser un lobo que perteneciera no solo a una, sino a "múltiples manadas", había decidido dejar de ser un lobo solitario destinado a su muerte, porque un lobo precisa de su manada para sobrevivir. Comencé a ser más humano, empecé a valorar lo bueno de todo.

Decidí ser feliz

Romanos 12:12   Nueva Traducción Viviente (NTV)

[12] Alégrense por la esperanza segura que tenemos. Tengan paciencia en las dificultades y sigan orando.

Salmos 118:24   Nueva Traducción Viviente (NTV)

[24] Este es el día que hizo el SEÑOR; nos gozaremos y alegraremos en él

Me parece que todos queremos ser felices. A muchos probablemente nos gustaría pasar sonriendo y riendo todo el tiempo, que nuestras vidas fueran perfectas, que todo lo que nos suceda alimente nuestra felicidad. Al menos ese era mi ideal de felicidad, y me di cuenta cuando en el grupo de apoyo de Doce Pasos mi amigo consejero, luego de desnudar mi interior, me preguntó: — "¿Qué querés?" y yo respondí con dos palabras: — "Ser feliz". No olvido su gesto de aprobación, pero a su vez también interpreté en su mirada que aún yo estaba necesitando mucha ayuda.

Eso era todo lo que quería en ese momento, ser feliz. Evidentemente estaba pasando por un periodo de dolor, y no me sentía feliz, no había logrado encontrar una roca sólida sobre la cual cimentar mi felicidad, no había visto la tierra fértil en la cual sembrar mi felicidad para que creciera y diera fruto.

Luego de ese día ya han pasado poco más de tres años, y puedo decir que sí soy feliz, casi a diario le digo a Dios: —"Gracias, soy feliz, gracias estoy disfrutando, gracias, estoy creciendo, gracias estoy viviendo".
Sí, soy más feliz que nunca, y tuvieron que pasar 40 años para decidir ser feliz.

He aprendido que la felicidad no depende de las relaciones que desarrolle con mi esposa, mis hijos, mis padres ni la gente que me rodea. Aprendí a ser feliz porque así lo decidí, tomé la decisión de agradecer de todo corazón al Padre por cada instante de vida junto con todo lo que traiga, sin importar que sean momentos o circunstancias desagradables o agradables. Porque de todo lo que venga puedo aprender, puedo crecer.

Para mí la tristeza no es sinónimo de infelicidad. Son sentimientos que ahora que los siento y dejo fluir me sirven para autoevaluarme, para hacer retrospección de lo que he estado pensando, sintiendo y haciendo; logro conocerme mejor y no dejo que esa tristeza me domine, ni tampoco interfiera en mi felicidad, porque para mí la felicidad no es un sentimiento -como sí creo que es la alegría-; la felicidad la entiendo como la forma en que deseo vivir mi vida.

Al fin soy feliz, y mi felicidad ya no depende de las personas, de las cosas, de lograr mis metas; al fin y al cabo, si camino junto al Padre por la senda que ha hecho para mí y le honro con mis acciones, mis anhelos se harán uno con los planes que Dios tiene para mí, y Él se complacerá en hacerlos realidad.

Tener una relación de persona a persona con el Padre, acercarme a Él es lo que me ha hecho feliz. Siendo un pre-adolescente le dije a Dios
— "Como en el libro de Habacuc, yo quiero algún día ser una persona como la que se describe en el último versículo de Habacuc"... Han pasado cerca de 30 años, y lo estoy empezando a vivir. ¿Si lo cumpliré al pie de la letra o como está escrito? ... pues no sé, pero lo estoy empezando a vivir, y no me interesa ver por cuál paso voy, porque prefiero disfrutar que evaluar.

Cuando terminé el paso 12 en el grupo de apoyo al que asistí, me dije a mí mismo: "Rodolfo, terminaste 12 pasos, pero tienes que seguir creciendo; puede ser que tengas que dar 13, 14, 100, 500 o más pasos para continuar, pero no te detengas". Me comprometí con Dios y conmigo, no sé cuantos pasos llevo luego del doceavo, pero sé que ahora soy una mejor persona que antes, soy más feliz que nunca.

Un día leía en redes sociales que deseaban que Jesús volviera pronto a llevar a su pueblo, y yo le dije a Dios: — "Perdóname, pero aún no deseo que regreses, quiero continuar viviendo, empecé a saborear la vida hasta mis 40 años y deseo seguir disfrutando de vivir; quiero vivir muchos años más, y cuando llegue el momento, luego de haber vivido, morir con una sonrisa en mis labios porque sabré que pronto te veré."

El Padre solo desea que seamos felices, ¿qué estamos haciendo para lograr esa felicidad que Él desea que vivamos? Invitémoslo a participar de nuestra cotidianidad, es una persona que nos acompaña siempre, y con la que podemos contar siempre. Nos ama como nadie, y si aprendemos a depender de Él, no seremos defraudados, pero es nuestra decisión si queremos ser felices o no; es nuestra decisión si nuestra felicidad dependerá del Padre o de las personas, cosas y metas, que al fin y al cabo son pasajeros, pero el Padre, Dios, siempre será y nunca cambiará.

Padre nuestro

"Padre nuestro que estás en cielo, que sea siempre santo tu nombre, que tu reino venga pronto. Que se cupla tu voluntad en la tierra como se cumple en el cielo. Danos hoy el alimento que necesitamos, y perdónanos nuestros pecados así como hemos perdonado a los que pecan contra nosotros. No permitas que cedamos ante la tentación, sino rescátanos del maligno".

Sobre la oración que nos enseña Jesús, el Padre nuestro, se han escrito libros, ha habido gran cantidad de sermones compartidos en todo el mundo, y muchas canciones inspiradas en este texto. Al igual que muchas otras personas, aprendí esta oración cuando me preparaba como cristiano católico para recibir mi Primera Comunión.

Nunca olvidaré, siendo adolescente, un seminario donde el expositor, que luego fue mi pastor, hizo referencia a que una de las principales misiones de Jesús en la tierra, fue la de revelarnos al Padre, que conociéramos al Padre. Eso que dijo me quedó marcado con una gran curiosidad por conocer más de ese Padre. Ahora bien, lo que mencionó ese pastor concuerda por completo con la forma en que Jesús nos enseña a presentarnos ante Dios y comportarnos; la primera frase es "Padre nuestro". Me pongo a meditar, que Jesús lo primero que estaba haciendo en ese momento era darnos identidad. Estaba diciendo a sus semejantes que Dios no es solo un Dios que está en el cielo sentado en su trono, es un Dios con vocación de papá, con identidad de papá. Que es un Padre que es Dios, pues sí; que es un Papá que todo lo puede, pues sí; que es un Padre que conoce nuestro pasado, presente y futuro, pues sí; que nuestro Padre es el Creador de todo... ¡claro que sí!

Y si el Señor de señores es nuestro Padre, y cada uno de nosotros su hijo, ¡qué esperamos en dejarnos atrapar por su amor, dejarnos atraer hacia Él para que nos enseñe y guíe por la bella aventura de la vida!

Cuando supe que sería padre, de igual forma con mis dos hijos, me comprometí conmigo mismo en formarles, acuerparles[15], ser alguien a quién pudieran

---

[15] Acuerparles: Costa Rica, Panamá: I. Apoyarles. II. Favorecerles.

recurrir por ayuda, consuelo, fortaleza, darles lo mejor de mí; amarles y disciplinarles, colaborarles en todo lo que pudieran, trabajar para que sus necesidades básicas siempre estuvieran cubiertas, y en la medida de lo posible, hasta poder complacerlos más allá de lo básico.

Ahora, si con mis limitaciones e imperfecciones pienso y procuro actuar de esa forma, cuánto más Dios, nuestro Padre que nos ama con amor eterno y perfecto, desea criarnos como sus hijos e hijas que somos. Nos parecemos a Él, nos hizo a su imagen, nos parecemos porque somos su descendencia, somos sus hijos amados.

Me pongo a pensar en mi naturaleza humana, lo complicado que pudo haber sido para muchas personas comprender y convivir con Dios como si fuera un Padre a quien se puede acudir en cualquier momento, ya que en los tiempos que Cristo estuvo en la Tierra los rituales estaban presentes, el "acceso a Dios" era exclusivo del Sumo Sacerdote y Sacerdotes. Seguro para muchas personas, Dios era inalcanzable; era simplemente un Dios sentado en su trono celestial juzgando lo correcto e incorrecto; alguien ajeno a mi realidad, Él en la cúspide del triángulo social, y otros sintiéndose en la base, como lo menos esencial y necesario.

Pero Jesús vino a romper con esas prácticas y creencias de muchas personas; nos dijo que a Dios, -sí, a ese Señor todo poderoso que reina, esa Persona al que las estrellas y galaxias se someten-, Cristo nos dice: "Él es tu Papá, y tú su hijo e hija", como tales tenemos el derecho y privilegio de que Dios nos enseñe y nos forme; tenemos el derecho de estar en su presencia siempre recibiendo de su amor. Dios es Padre perfecto y siempre nos recibirá, no- importa-nuestra-condición.

Luego de mis cuarenta años aprendí a confiar en esa persona que es mi Dios; ese Padre perfecto lleno de ternura, amor y misericordia. Cuántas veces me habrá llamado diciéndome: — "Ven por acá, éste es el camino que he hecho para ti, mira, moví esa montaña para que pudieras avanzar, observa, he puesto aguas de reposo para que descanses. Ven donde Yo estoy, recuéstate en mi regazo para que duermas mientras te cuido y recobras fuerzas." "Escúchame, mírame, no te sigas lastimando haciendo cosas que no tienes la capacidad de hacer, no te preocupes, yo te he abierto paso por acá, toma mi mano, caminemos juntos, ven conmigo porque yo quiero estar contigo".

Creo firmemente que ese es el Padre que Jesús vino a mostrarnos, me fue difícil aprender a confiar en Dios, y estoy seguro que aún continúo en ese proceso de aprender a confiar en Él; pero sí tengo algo muy claro, deseo llegar al punto de depender 1000% de nuestro Señor.

Dios en el centro

Marcos 12:30   Nueva Traducción Viviente (NTV)

[30] Ama al SEÑOR tu Dios con todo tu corazón, con toda
tu alma, con toda tu
mente y con todas tus fuerzas."

Mateo 6:33   Nueva Traducción Viviente (NTV)

[33] Busquen el reino de Dios por encima de todo lo demás
y lleven una vida justa, y él les dará todo lo que
necesiten.

Centro:
Lugar en que se concentra o es más intensa que en otros
cierta actividad . Punto de donde parten ciertas cosas. Ej:
"centro nervioso".
Persona, lugar o cosa que destaca por su importancia.
Persona, acción o cosa que recibe muestras de interés o
atención. Ej: "es el centro de todas las miradas." [16]

---

[16] https://es.thefreedictionary.com/centro

Según lo que he aprendido por medio de la educación primaria y secundaria, además de programas educativos, al inicio el Sistema Solar donde está nuestro planeta Tierra era un caos. Había un gran desorden de polvo estelar, gases, rocas gigantescas y de diversos tamaños recorriendo el espacio sin rumbo alguno, evidentemente muy distinto a como es hoy en día. ¿Y cuándo comenzó a ordenarse de tal forma que se formaran los planetas y sus lunas como nos enseñan que es hoy? ... Cuando se formó el Sol. Esta estrella, por medio de su fuerza de gravedad, atrayendo la materia que recorría sin rumbo ni destino el espacio, comenzó a ordenar al Sistema Solar, lo cual provocó que también se formaran los planetas y las lunas. Gracias a la gravedad generada por el Sol, y que el mismo se ubica en el centro, los planetas junto con sus lunas tienen una órbita definida, así como los cometas y otros cuerpos celestes. Y en cuanto a las definiciones de "centro" que pude hallar en Internet, agrego algunas que me llamaron la atención, ya que se define centro como "el punto de partida", y yo deseo que Dios siempre sea mi punto de partida en todo. Otra es que "en el centro va lo más importante", y si el Padre es lo más importante, considero que debería estar en el centro, y que sea mi punto focal.

Lo anterior lo comento porque no olvido cuando en el año 2015, durante una cesión de consejería, mi amigo me hace ver que aunque tengo a Dios en mi corazón, no está en el centro del mismo, sino que eran mis metas y ambiciones, mi familia, entre otros los que ocupaban ese lugar en el centro donde debería estar Dios. Aunque comprendí con claridad lo que él me dijo (aún recuerdo los dibujos en la pizarra para que yo pudiera entender de forma más clara), hubo algo que no concordó con lo que yo había aprendido hasta ese entonces. Pensé: "pero Dios debe ser primero, estar arriba en primer lugar, ¿cuál es la diferencia de estar en el centro, no lo estaría degradando de lugar?" En todo caso, comprendí la idea de que otros "dioses" le estaban quitando a Dios su lugar, y que había querido construir mi vida girando alrededor de ellos; por lo que no le quise preguntar sobre la diferencia entre Dios en el centro, y Dios como primero para no desviar el tema; al fin y al cabo pocos años después, veo que sí estaban relacionados por completo.

¿Qué pasaría si quito al Sol del centro y pongo en su lugar a Júpiter, el planeta más grande? Un gran desorden, seguramente los planetas y demás cuerpos celestes perderían sus órbitas porque Júpiter no genera la suficiente fuerza gravitacional para mantener a los planetas en sus órbitas, todo sería un desastre.

A partir del año 2015 he estado aprendiendo que aunque sí debemos amar a nuestro Padre con todo lo que somos (Dios nos amó con todo, por eso dejó su trono para convertirse y crecer como una persona, y sacrificarse a sí mismo para que tengamos no una simple vida, sino calidad de vida), lo recomendable es que esté en el centro de mi corazón. Creo que si es así, mi vida se comenzará a ordenar; mis pensamientos, sentimientos y acciones comenzarán a alinearse con los de Dios; Él podrá irradiar su luz y calor de tal forma que alcancen todo mi ser.

Si permito que Dios gobierne mi vida desde el centro de mi corazón, todo lo que soy comenzará a depender de Él, lo podré ver y escuchar desde cualquier posición en la que yo esté; sus mandatos ya no los percibo como ley, sino como recomendaciones para vivir y convivir en orden y paz; el asistir a una a la comunidad de fe ya no es una obligación, sino una fiesta que no deseo perderme.

No olvido una ocasión en que un Pastor me mencionó que los domingos él se vestía con su mejor saco porque disfrutaba ese día; alabar y adorar al Señor, compartir y enseñar la Palabra de Dios era gratificante para él; y yo pensé en mis adentros: "que exagerado, buscar el mejor saco o vestido entero para ese día"... ahora lo empiezo a entender; yo no busco mis mejores prendas de vestir, busco aquellas con que me sienta cómodo, pero sí anhelo que llegue el fin de semana para participar del culto; lo disfruto, no voy porque es una regla u obligación, sino porque simplemente me gusta, y además me hace bien.

Si Dios, el Padre, está en el centro del corazón de cada uno, el podrá comenzar a llenar nuestros vacíos, comenzará a ordenar y corregir diferentes áreas de nuestras vidas; si comenzamos a girar en torno a la única persona que no nos defrauda, le pediremos su consejo y esperaremos pacientemente por su respuesta, comenzaremos a involucrarle cada vez más en nuestra vida cotidiana para que nos muestre el camino que nos ha preparado. Si el Creador está en el centro, todo lo que somos se ordenará y alineará con Él.

Creo firmemente que si Dios está en el centro de mi corazón, mi vida será potenciada y completa; muy al contrario si lo ubico en una posición o lugar específico, yo mismo estaría "encuadrando el espacio de acción del Creador del universo", y no le estaría dando la oportunidad para que crezca en mí.

Rompiendo mis paradigmas

Hebreos 10:25   Nueva Traducción Viviente (NTV)

25 Y no dejemos de congregarnos, como lo hacen algunos, sino animémonos unos a otros, sobre todo ahora que el día de su regreso se acerca.

Una de mis grandes pasiones es la estrategia, mercadeo y dirección comercial; así que deseo compartir el siguiente texto que escribí luego de romper mis paradigmas en cuanto a organizaciones, como lo es una comunidad de fe, y la aplicación de conceptos básicos del mercadeo a la misma.

Un día alguien me comenta que la comunidad de fe a la cual asistimos tiene como objetivo profesionalizarse en distintas áreas ☺, y aunque en lo personal he colaborado en otras organizaciones similares de forma voluntaria, nunca imaginé una organización como una congregación, con un gerente general, gerente de mercadeo, contador a tiempo completo, entre otras áreas que se puedan desarrollar y administrar mejor.

Esa información me quedó dando vueltas en mi cabeza ☹, y pensé: ¿"Cómo podría aplicar el clásico marketing mix o de las 4 Pes[17] (Producto, Precio, Plaza y Promoción) a una ONG con fundamentos cristianos?"... Estaba rompiendo mis paradigmas ☺, ya que siempre lo he relacionado con productos y servicios comerciales; y cuando me refiero a servicio, es donde la persona es el "empaque", la cara de lo que se ofrece; el "contenido", la necesidad que se pretende satisfacer, como puede ser una consulta con un psicólogo. Ante esta situación, tengo claro que aunque muchos líderes -llámense curas, pastores, apóstoles...- no son el producto, en algunos casos pareciera que quisieran ser el empaque[18] y el contenido, olvidando que Jesús es suficiente para ser todo esto por sí mismo y que no necesita de ayudas, sino solo que lo reflejemos.

Así que traté de armarme un esquema para poder aplicar el marketing mix para este caso:

Producto: Bien o servicio que busca satisfacer las necesidades del mercado o un segmento de mercado.

Más allá de la salvación, desde el punto de vista del mercadeo me es complicado 😕 definir lo que ofrece Cristo como un producto por su completa amplitud; algo contrario a las tendencias de marketing actuales, ya que se recomienda enfoque, especialización, debido a que ningún producto o servicio puede satisfacer todo lo que necesitamos; pero Jesús, que vino a salvarnos y mostrarnos el camino al Padre, nos brinda la oportunidad de una restauración integral como personas, y una relación con Él y Dios Padre, una relación que bajo ninguna circunstancia nos disminuye como personas, más bien nos potencia a crecer.

Ahora bien, ¿qué producto o servicio podría ofrecer una ONG cristiana de cualquier denominación? Producto, me parece que ninguno que se sustente con el mensaje de Jesús, a no ser que para recaudar fondos se decida vender camisas, gorras, llaveros. Servicio, creo que solo para empezar, reflejar la tolerancia, igualdad de trato y amor hacia las personas de todo estrato socio económico es esencial. Al fin y al cabo, Jesús 🖤 se relacionó con personas de toda índole y hasta estuvo compartiendo en lugares -como decimos en Costa Rica, "de mala muerte".

Muchas veces las personas llegan a este tipo de comunidades porque sienten algún tipo de insatisfacción con sus vidas, por problemas que no han resuelto o no creen poder resolver, y por cualquier otra circunstancia que sienten insuperable. Por lo tanto la organización de la comunidad tiene que estar preparada para recibirles y guiarles, brindar un servicio integral donde las personas se sientan guiadas y seguras en establecer una relación con Dios. Llegado a este punto, aunque me parezca extraño mencionarlo y hacer esta analogía, ***Dios sí es el "producto" que cubre todas las necesidades*** y *el que ofrece la comunidad*. Para ofrecer esta guía, creo que no solo es suficiente la alternativa de reuniones generales, sino que se precisa de una organización con departamentos o áreas especializadas por segmento o nicho, y ahí sí, brindar el servicio específico que cada uno requiera o desee.

Precio: ¡ Qué maravilla de variable 😄 ! Por primera vez me olvido de la etapa de vida de un producto, de las estrategias de introducción, nada de productos elásticos o inelásticos, no tengo que tomar en cuenta estacionalidad ni márgenes, ni consideraciones de ventajas competitivas para traducirlas al precio final. Más allá del regalo de poder estar con Jesús una vez que dejemos esta tierra, no necesitamos de sacrificios o pagos económicos por nuestra parte, ya que solo se requiere permitirle entrar en nuestras vidas y reconocerle como Dios y Señor. Así tendremos la oportunidad de tener una relación con Él, y que a su vez esta nos permita vincularnos (unir cosas inmateriales de manera firme y hacer que una dependa de la otra) con Cristo para que nos impulse a corregir aspectos de nuestras vidas. De esa forma, podemos lograr ser cada vez mejores personas para nuestro beneficio y el de la gente que nos rodea.

Ahora bien, ¿cómo puedo asociar la variable precio a todas las oportunidades que nos tiene listas Jesús con una ONG o una Iglesia? Empezaría diciendo que Jesús mandó a congregarnos, a unirnos como Iglesia, en otras palabras, somos las personas que conformamos la institución u organización Iglesia. Sin estas comunidades no habría Iglesia, y es en la riqueza de las diferencias personales que conformamos estas agrupaciones, que nos fortalecemos y enriquecemos espiritual y emocionalmente. Como dice el dicho "en la unión está la fuerza". Y se preguntarán... ¿ en dónde está el rubro dinero en todo esto? En lo personal pienso en que al igual que toda organización o institución necesita financiarse ordenadamente. El mismo Jesús con sus 12 discípulos que recorrían Israel estaban organizados; mantenían un orden en las finanzas para la compra de alimentos, hospedaje, u otras necesidades, y el tesorero era Judas, el mismo que lo traicionó; pero como Jesús veía lo bueno y el potencial de las personas, encomendó a quien lo traicionaría a controlar el presupuesto (Yo jamás hubiera podido darle una tarea tan importante, seguro le hubiera puesto de tarea lo peor que pudiera). No conozco de teología, pero supongo que recibían donaciones de distintas personas, y con las mismas cubrían los gastos para que Jesús y las personas que le brindaban soporte, solventaran las necesidades de la organización o la comunidad.

Siguiendo la recomendación que los mismos apóstoles desarrollaron de tener comunidades o congregaciones, actualmente, ¿qué sucede cuando un grupo de personas, sean 2, 5, 10 o más comienzan a reunirse para compartir y crecer a través de las enseñanzas de Jesús? Requerirán de algún tipo de financiamiento, probablemente aportado por ellos mismos, sea para contribuir con gastos de electricidad, agua, o hasta colaborar con la limpieza entre otras cosas. ¿Y si ese grupo de 10 personas en algún momento crece a 30 miembros? Seguro que en algún momento alquilarán algún salón para poder reunirse todas y todos juntos con más comodidad, y en lo posible desarrollar otras actividades que fortalezcan la unión. Llegará el momento que si continúan creciendo tendrán que pensar en invertir en más sillas, probablemente requerirán de un sistema de sonido, y en algún momento incurrirán en gastos legales para conformar una entidad jurídica con todas las responsabilidades que conlleva. Como vemos, una "bolita de nieve" que va creciendo y que precisa y utiliza las donaciones de sus miembros y de ser el caso, actividades para recolectar fondos a fin de salir adelante con el proyecto de la comunidad. En resumen, contribuir como comunidad, para enriquecer a la comunidad.

Plaza (Distribución): Tenemos la gran ventaja ☺ de que a Dios lo podemos buscar en cualquier lugar, a cualquier hora, hasta en nuestros aparatos móviles podemos tener la Biblia a mano. Tenemos la oportunidad de estar en contacto con Dios en todo momento sin necesidad de mayor cantidad de intermediarios; tan solo Jesús, o sea una estructura u organigrama nada piramidal, más bien horizontal, lo que toda organización busca para mantener el contacto con las distintas personas que conforman una empresa. El contacto directo es fundamental, de hecho hay organizaciones muy grandes y piramidales, que varios días al año envían a sus ejecutivos de la parte superior de la pirámide a las bases para lograr un acercamiento con los colaboradores y los clientes de la empresa, y así no perder la noción de la realidad. Pero Dios tiene la virtud de que nunca ha perdido ese contacto, está siempre al tanto de nosotros, nunca se desactualiza.

En mi opinión, las iglesias, comunidades, congregaciones, son las sucursales donde las personas voluntariamente y en obediencia a Jesús asisten para agradecer a Dios por todo lo bueno y todo lo malo (las adversidades nos pulen y sacan lo mejor de nosotros), además de aprender sobre temas que pueden enriquecer nuestras vidas y corregir modos de comportamiento y conducta hacia los demás, mantener una familia sólida, lograr tener relaciones de equidad con las personas que nos rodean, en resumen, aprendiendo a vivir mejor ☺.

Las iglesias tienen la particularidad de atraer personas de zonas diversas y algunos casos algo distantes, algo que en la lógica del mercadeo, no funciona bien. (Si notan ahora los supermercados abren por un sin número de lugares para llegar al público, y que este no tenga que esforzarse en traslados). Así como pueden tener miembros que están a 20 pasos, también habrán personas que tarden más de 1 hora en llegar, por lo que a algunas se les puede dificultar asistir con regularidad otro día que no sea la reunión principal. Así que tienen una herramienta, la de organizar pequeños grupos en casas, divididas en regiones para que las personas puedan mantenerse activas dentro de la comunidad y sentirse parte de la misma. A estos grupos muchos les llaman células, que yo veo como pequeñas sucursales donde aún las personas que no se declaren como miembros de la comunidad pueden asistir. Como una sucursal de una empresa comercial, el grupo o célula, debe ser un fiel reflejo de la organización, y la actitud de "servicio al cliente" tiene que ser ejemplar en procura de que las personas que visiten el grupo se sientan motivadas a volver y de ser el caso, que acudan a la sede principal.

Promoción: Cuando Jesús estuvo viviendo como hombre en esta tierra, enseñando, sanando física y emocionalmente, mostrando su amor y tolerancia, no había radio, T.V., Internet, redes sociales, tan solo el boca a boca y relaciones públicas; por cierto, éste último recurso está en auge.

Las personas a cargo de la organización, y las que colaboran con la misma, tienen que tener claros los objetivos y metas para que las diferentes áreas logren cohesionarse de tal forma que el resultado confirme y refleje la visión que se comparte. En lo personal pienso que una comunidad organizada como la iglesia tiene que hacer una promoción a lo interno y a lo externo, como consecuencia de lo logrado como organización.

Cuando menciono promoción interna, me refiero a la comunicación que hay desde las distintas áreas o sub grupos hacia la comunidad. Y en esto me baso en el criterio de mercadeo sobre la premisa de *mantener a los clientes* actuales, los cuales son la base para seguir creciendo. Es importante identificar a los distintos grupos o nichos, ya sean juveniles, de niñas y niños , matrimonios, tercera edad, varones, mujeres, entre otros que estén organizados o que tengan potencial de desarrollo. Es altamente necesario que las distintas agrupaciones de la comunidad mantengan actividades constantes y relevantes (marketing de contenidos, muy referenciado hoy para medios digitales y redes sociales) y que las mismas sean comunicadas eficientemente, no solo en la sede de la congregación y "sucursales", sino aprovechando medios como el e-mail marketing, redes sociales, y las relaciones públicas que pueden desatar una divulgación de boca en boca importante, ya que además de comunicar, agrega credibilidad. El concepto de servicio al cliente conjuntamente con el criterio del servicio postventa hay que desarrollarlos al máximo, y probablemente será todo un reto cuando una ONG se nutre del voluntariado; pero si se transmite claramente la visión y objetivos, y a su vez se logra que las personas se identifiquen con estos aspectos, se podrá adquirir un mayor compromiso por parte de la gente. Una vez que las personas se apropien de la visión y los objetivos, será más fácil establecer sistemas de control como reportes e informes de seguimiento, entre otros... que pueden motivar y acercarse a la profesionalización. Luego de haber desarrollado el concepto de servicio al cliente y servicio postventa, se podrá proceder con el desarrollo del CRM (Customer Relationship Managemente)[19] y el Engagement ("enganchar" a la persona), aspectos que me parecen claves para una comunidad como una congregación o iglesia.

---

[19] Gerencia o Manejo de Relaciones con los Clientes.

CRM 2.0 y Engagement

Con la digitalización y la redes sociales el CRM ha pasado a otro nivel, ahora se puede lograr establecer relaciones con los clientes con el objetivo de que se sientan completamente identificados con una marca u empresa, al punto que la misma forma parte de su vida cotidiana. Así también una comunidad o iglesia tiene una marca con su propia identidad, que puede proyectar y realzar mediante redes sociales. Es importante promover la participación de las personas en las redes, y es primordial que la organización responda rápidamente a las preguntas o comentarios. ¿Han visto en las páginas de Facebook que indica en mensajes, "regularmente responde en 10 minutos, 24 horas", un promedio de tiempo?, es porque las personas por lo general buscan interactuar, no solo escribir algo. Una buena administración de estas herramientas provocará el engagement, la lealtad, fidelidad hacia la marca, o en este caso, hacia la comunidad.

Hago un paréntesis con respecto al CRM 2.0, ya que las actividades dirigidas a los distintos segmentos o nichos de la población de la comunidad pueden generar engagement, identificar e involucrar más a las personas y hacerlas sentirse parte de la organización, lo que conllevaría a un compromiso.

Como lo indiqué en un inicio, pensar sobre esto fue un reto, ya que hay algunos criterios del mercadeo que para mí son fundamentales, y que en el caso de aplicarlos al reino de Dios quedan limitados. Pero también hay otras herramientas "operacionales" y de control que pueden enriquecer en mucho a una ONG como lo puede ser una iglesia o comunidad de fe.

Parte II

Intimando con el Padre

Vivir sin límites

Juan 10: 9-11   Nueva Traducción Viviente (NTV)

[9] Yo soy la puerta; los que entren a través de mí serán salvos. Entrarán y saldrán libremente y encontrarán buenos pastos.
[10]"El propósito del ladrón es robar y matar y destruir; mi propósito es darles una vida plena y abundante. [11]Yo soy el buen pastor. El buen pastor da su vida en sacrificio por las ovejas."

Un día, durante mi periodo en el grupo de apoyo de Doce pasos para personas codependientes, tomé la decisión de ser feliz, al fin había podido ver atrás y reconocer todo lo que había perdido de vivir, de experimentar, de sentir... fueron décadas sin tener una vida abundante, y no por culpa de Jesús; yo había sido el responsable de no vivir, el Padre me había abierto la puerta de la felicidad a través de Jesús, pero yo decidí inventar mi propia puerta y hacer mi propio camino.

Para no lastimarme durante mi recorrido preferí "tomar control" de mis emociones, según yo, para hacerme inmune al dolor y la tristeza, pero sin saberlo, también me estaba haciendo inmune a la felicidad. No comprendía que en el recorrido de la vida también hay momentos de dolor, tristeza; momentos para llorar (yo creía que las lágrimas eran sinónimos de debilidad), momentos de necesidad de un abrazo. Creí ser lo suficientemente astuto para evadir lo que yo creía malo. El resultado fue limitarme para vivir, dejé de reconocer lo bueno, las bendiciones del Padre.

Fui alguien que empezó a buscar la felicidad en personas y objetivos personales; yo que quería ser un lobo solitario exitoso; sin saberlo, comencé a necesitar más y más de esas personas y objetivos personales para sentirme pleno... Irónicamente, no era consciente que más bien estaba sometiendo mi vida a personas y cosas que no eran precisamente Dios; yo, que quería ser indestructible, me había convertido en alguien totalmente frágil y expuesto a los vaivenes de la vida, alejando a Dios de mi vida al no reconocer mi fragilidad como ser humano y hombre.

No sé cuántas veces escuché y leí las palabras de Jesús donde nos dice que "Él vino dar vida, y vida en abundancia"... Aunque creía entenderlo, ahora me doy cuenta que por muchos años solo fueron letras y palabras sin mayor significado para mi vida. Recuerdo un día que una sicóloga que nos ayudaba a mi esposa y a mí como pareja, luego de unas semanas sin haber conversado me dijo: — "Te veo diferente, te percibo más seguro, me parece que ahora sientes que tienes riquezas, que sos rico". Le dije:

— "Sí, me siento diferente, valoro lo que tengo", y no me refería a cosas materiales ni logros personales, sino a vivir, a encontrar la riqueza en lo aparentemente simple, así como el profeta Elías encontró a Dios en un suave susurro, y no en las grandes manifestaciones de la naturaleza.

Comencé a ver lo bueno durante la dificultad, y sin saberlo había comenzado mi proceso de poner a Dios en el centro de mi corazón; dejar de depender de otras personas y cosas para -según yo- ser feliz. Jesús había comenzado a liberarme para comenzar a depender del Padre.

¡Qué hermoso saber que Jesús confesó que su propósito (propósito es la intención o el ánimo de hacer o dejar de hacer algo) es que a pesar de las dificultades, podamos tener una vida plena! Toda su vida en la tierra la enfocó en que seamos personas completas para tener una vida plena junto con Él y nuestro Padre.

Vivir, ahora lo que deseo es vivir, disfrutar, sentir, quiero tener un corazón agradecido para ser capaz de reconocer lo bueno y las enseñanzas que traigan las dificultades. No más dejar de sentir, no más controlar las emociones de alegría y tristeza. Ya no: quiero sentirlas, vivirlas, y que la tristeza me enseñe a conocerme mejor, reconocer mi debilidad para mirar hacia arriba y sentir el abrazo del Padre.

Curioso, no se me ocurre otra palabra, pero escribo esto en la víspera de cumplir 17 años de matrimonio con Andrea González Forrester, la mujer que amo y con quien decidí vivir y compartir mi vida.

Mi Esperanza

Jeremías 29:11   Nueva Versión Internacional (NVI)

"Porque yo sé muy bien los planes que tengo para ustedes —afirma el Señor—, planes de bienestar y no de calamidad, a fin de darles un futuro y una esperanza."

"La esperanza es un estado de ánimo optimista basado en la expectativa de resultados favorables relacionados a eventos o circunstancias de la propia vida o el mundo en su conjunto. Otras definiciones de tener esperanza incluyen los siguientes términos: «esperar confiado» y «abrigar un deseo con anticipación». [20]

Un día mientras revisaba mis redes sociales, me detuve en un video de una migrante cantando una canción en un bus para ganarse un poco de dinero. En la canción expresaba que había perdido toda esperanza de poder tener una vida digna en su país de origen, y que aunque tuvo grandes dudas de dejar su patria natal,

---

[20] Wikipedia

tomó la decisión de partir sin ningún tipo de esperanza. Mientras veía ese video comencé a llorar; su canto transmitía tristeza, dolor, frustración, desesperanza. Traté de ponerme en los zapatos de esa mujer, y procuré comprender lo que ella pudo haber sentido o dejado de sentir para tomar la decisión de migrar a un territorio extraño, un lugar donde no sabía si sería bien recibida o no, un país donde no tenía la seguridad de salir adelante, vivir y cumplir sus sueños. No creo poder comprender con claridad toda esa carga emocional y las necesidades que motivaron a esa mujer a dejar su patria, abandonar su tierra, la misma en la que en algún momento confió y en la que creyó que podría forjar su vida y sueños. Espero que a mi familia y a mí nunca nos toque vivir una situación así, pero si tuviera que suceder, que mi Padre nos dé la fortaleza y sabiduría para tomar las mejores decisiones.

Hace un tiempo atrás, Dios me habló por medio de las redes sociales y me dijo — "Quédate quieto". Esa orden desafiaba gran parte de lo que yo era como persona; simplemente para mí, quedarme quieto no era una opción; yo necesitaba tener el control de todo, pero obedecí y he aprendido a quedarme quieto; aunque por momentos he tenido la tentación de levantarme tomar el control y darle instrucciones a mi Señor. Sí, lo reconozco, ha sido un reto, pero cuando me he quedado quieto, he podido ver cómo Dios mi Padre actúa y me sorprende vez tras vez.

Ahora entiendo a mi Señor, logré comprender y saborear el beneficio de quedarme quieto, he podido ver la grandeza del Dios del universo. Ahora me es más fácil poner mi esperanza en Él, sí, despreocuparme de todo y esperar confiado, mientras vivo, disfruto y aprendo de lo que traiga cada día.

Hoy es 19 de abril del 2019. Ahora comprendo que en ese mismo día del año 2015, yo había perdido toda esperanza. Todo aquello con lo que yo había soñado se me estaba desvaneciendo por completo y me sentía como la peor escoria. Ya no tenía mayor expectativa de nada, me quedé sin motivación; el mundo que yo había creído estar construyendo ya no existía, me sentía fracasado en todo, ya sin fuerzas, no tenía esperanza de nada; y aunque no conocía Dios a como lo conozco hoy, al menos sabía que podía ser mi último recurso para salir adelante, por lo que procuré buscarle, tomar su mano, no soltarme, comprometerme con Él y conmigo.

Dios me ha transformado; me ha hecho una mejor persona de la que era antes, pero ahora he aprendido a confiar en Él como nunca antes. Confío como nadie en mi Padre, por momentos siento como si estuviera sentado en una confortable silla de director, viéndolo hacer maravillas mientras yo reposo cómodamente, y hasta le preguntado al Señor, — "¿Esto es correcto, está bien que me quede sin hacer nada?", pero recuerdo que Dios es quien prometió ir delante de mí abriendo camino, y que Jesús nos exhortó a no ser personas ansiosas, y que confiáramos en el Padre. Y para las personas que probablemente se pregunten, "pero ¿qué hace éste hombre?", como dice el dicho, "a Dios rogando y con el mazo dando", pues sí, procuro administrar de la mejor forma, dar lo mejor de mí en todo y disfrutar de sus bendiciones diarias; además de poder ser de bendición a otras personas.

¿Qué hizo Josué para derrumbar los grandes muros de Jericó?... Obedecer y confiar, Dios les estregó esa ciudad y muchas más; Josué fue un buen siervo, y Dios un magnífico Dios que siempre lo protegió y respaldó. David sabía en quién había puesto su esperanza, y que si obedecía, Dios les protegería de tal forma que Israel sería reconocida como una gran y potente nación. Este rey siempre procuró actuar según la voluntad del Rey de reyes. Es evidente que quien confía y se somete a la voluntad de Dios será bendecido.

Pasé décadas orando y pidiendo a Dios para que hiciera mi voluntad porque no confiaba en sus planes para mi vida, y hasta me enojaba porque las cosas no resultaban acorde a mis deseos; me sentía defraudado por Dios, hasta que entendí que era yo el que tenía que escucharle, quedarme quieto y obedecerle haciendo lo bueno delante de Él, caminando por la senda que hizo para mí.

Ahora, al estar quieto, habiendo visto y recocido sus maravillas, siento que puedo confiar en mi Padre como nadie, que no tendré que angustiarme por nada, porque puedo esperar confiado en que Dios me bendecirá porque soy su hijo a quien cuida en todo momento; y que si mi esperanza está centrada en Él, no tendré que angustiarme por querer tener bajo control el entorno, porque soy como un árbol plantado a la orilla de un río, que da su fruto en su tiempo y su hoja no cae, y todo lo que haga prosperará (Salmo 1:3).

El Dios que conozco

Salmo 84:10-11   Nueva Traducción Viviente (NTV)

" Un solo día en tus atrios, ¡es mejor que mil en cualquier otro lugar! Prefiero ser un portero en la casa de mi Dios, que vivir la buena vida en la casa de los perversos. Pues el SEÑOR Dios es nuestro sol y nuestro escudo; él nos da gracia y gloria. El SEÑOR no negará ningún bien a quienes hacen lo que es correcto."

Fue un sábado como tantos que han pasado por mi vida... desperté temprano (mi esposa aún dormía), me cambié y me puse mis tennis para correr mis tradicionales 5 kilómetros. Tomé mi teléfono, me puse los audífonos, y entusiasmado con mi nueva aplicación de música seleccioné un grupo de canciones de alabanza y adoración. Mientras corría y balbuceaba los cantos, no pude contener mis lágrimas, sentía a mi Padre con mucha intensidad. Los rayos del Sol apenas comenzaban a asomarse y calentar el ambiente, pero a mi Dios lo sentía de una forma que hacía tiempo no lo percibía. Trotaba con mis brazos abiertos queriendo sentirlo en todo mi ser, abría mis brazos como su niño en procura del gratificante amor del Padre.

Ese momento era solo nuestro; me sentía tan frágil junto a Él, pero a la vez tan confiado de que en sus brazos estoy seguro, y que nunca, y reafirmo, nunca, me dejará caer.

Tal vez algunas personas pensarán que mi forma de estar en comunión con mi Señor es irreverente, y puede ser que tangan razón, pero ¿saben qué?, a mi Padre le complace, es la forma en que Él y yo nos relacionamos; sí, *¡nos relacionamos!*, y lo grito porque tengo una relación de Padre e hijo; nuestra forma de intimar es única, tan única como la que cada quien tiene con Él. Así como un tiempo atrás mientras corría, golpeé mi pecho con enojo y le pregunté, — "¿Qué quieres de mí?", ese día extendí mis brazos mostrando todo lo que soy (aunque Él me conoce mejor que nadie); corría con mis brazos abiertos porque me sentía vivo, vida que brotaba desde dentro de mi ser... ¡sentía como si estuviera corriendo en el cielo!, éramos solo Él y yo, Rodolfo, su hijo amado.

Mientras escribo esto, me pongo a pensar que Dios siempre está a mi alcance, en cualquier momento, cualquier lugar; solamente con un ligero sonido que emita de mi voz y Él se levantará desde su trono y se inclinará hacia mí para escucharme mientras me observa atentamente con sus bellos ojos llenos de amor. Sí, ese es el Dios que yo me he permitido conocer. Y saben algo, con ese gran poder que tiene -y no le tengo miedo-, es la persona más maravillosa y grandiosa que he conocido, es alguien con quien deseo estar toda mi vida porque me ama sin condiciones, mi Dios me conoce y yo anhelo conocerle más.

Ahora estoy en una etapa de mi vida en que no puedo quejarme de nada; un día le decía a un amigo consejero: "no tengo queja, no puedo quejarme"; aún en momentos sumamente difíciles, Dios me ha bendecido con el amor de las personas que más necesitaba en ese momento... Dios es amor. Hoy veo bendiciones alrededor a cada momento; todo lo valoro, aún de aquello que pueda incomodarme procuro ver el lado bueno; al fin y al cabo, yo decido qué tanto me pueda afectar. Ahora descanso dejando que mi Padre me abra camino, y aunque por momentos tengo periodos de incertidumbre y dudas, recuerdo que yo soy su niño y que me guarda en todo momento; y aún lo negativo, Él lo puede trasformar en bendición como me lo ha demostrado.

Más de una ocasión he recurrido por respuestas, y sus palabras me dan paz y esperanza porque yo sé que no me defraudará, siempre cumple con lo que me dice.

Mi Dios es vulnerable

3 «Dios bendice a los que son pobres en espíritu y se
dan cuenta de la necesidad que tienen de él,
    porque el reino del cielo les pertenece.
4 Dios bendice a los que lloran,
    porque serán consolados.
5 Dios bendice a los que son humildes,
    porque heredarán toda la tierra.
6 Dios bendice a los que tienen hambre y sed de
justicia,
    porque serán saciados.
7 Dios bendice a los compasivos,
    porque serán tratados con compasión.
8 Dios bendice a los que tienen corazón puro,
    porque ellos verán a Dios.
9 Dios bendice a los que procuran la paz,
    porque serán llamados hijos de Dios.
10 Dios bendice a los que son perseguidos por hacer lo
correcto,
    porque el reino del cielo les pertenece.
11 »Dios los bendice a ustedes cuando la gente les
hace burla y los persigue y miente acerca de ustedes y
dice toda clase de cosas malas en su contra porque

son mis seguidores. [12] ¡Alégrense! ¡Estén contentos, porque les espera una gran recompensa en el cielo! Y recuerden que a los antiguos profetas los persiguieron de la misma manera.

Tengo varias semanas meditando en cómo a partir del 14 de abril del año 2015, inició una etapa en mi vida donde empecé a conocer a mi Dios; tiempo en que comencé a dejar de lado mis creencias y tabúes sobre Él, para relacionarme con mi Padre de una forma muy distinta.

El solo escribir el título de este texto es un reto: puede sonar completamente irreverente y fuera de toda realidad; más aún, considerando que en mi caso, tenía la imagen de un Dios todo poderoso, ordenando desde su trono todo el universo, un gran guerrero derrotando a sus enemigos, como gigante inquebrantable, y aunque todo eso es verdad, Dios es mucho más.

El 13 de abril del 2015 no hubiera podido afirmar que mi Dios es vulnerable. A quien me lo hubiera comentado, probablemente lo hubiera descalificado con un sin número de etiquetas. Posiblemente hubiera tomado la piedra más grande para lanzársela como si yo fuera un juez designado por Dios.

Han transcurrido días, semanas, meses, unos pocos años, y en vez de entender a mi Dios, en vez de enfocarme en comprender intelectualmente cada versículo que hay en la Biblia, en vez de revisar qué doctrina es sana y cuál no, me ocupé más en sentirle, en disfrutar de quien Él es.

Me pongo a pensar... Como hijo, en los primeros años de mi niñez, no tenía ningún interés en comprender a mi padre; solo quería disfrutar de su presencia, sentir su amor, eso era suficiente. Como padre que ahora soy, fue muy gratificante tener a mis hijos en brazos cuando eran bebés (¡y disfruto abrazarles ahora!); bañarlos y ducharnos juntos era toda una aventura, darles de comer, jugar con ellos, verles crecer, sonreír y disfrutar sus triunfos más que los míos... eso es sentir, eso es vivir.

Cuántas veces leí el texto de las bienaventuranzas, sin comprenderlo nada... Traté de procesar con mi mente, las situaciones que Jesús describía con emociones y actitudes... vivencias. Hace poco mientras corría y meditaba sobre mi Padre celestial, llegó a mi mente el título de este texto, "Mi Dios es vulnerable", y fue como si el cielo se abriera y viera una nueva luz. Me volví a repetir a mí mismo con fuerza y alegría:

"¡Sí, mi Dios es vulnerable!". Aunque desde hace pocos años lo siento más cercano que nunca, ese día lo sentí como si pudiera tirarme sobre Él en una piscina de plumas blancas.

En ese momento me vinieron a la mente una gran cantidad de textos donde se evidencia a un Dios vulnerable, alguien que se duele por el dolor de sus hijas e hijos, alguien que se compadece, un Padre que está pendiente por cada paso que damos. Unos días después, meditando sobre lo mismo, observé el pasaje de las bienaventuranzas desde un ángulo distinto al que siempre lo había visto. En vez de verlo desde una perspectiva de las actitudes y sentimientos de las personas y lo que podían recibir como consecuencia de las mismas, lo vi desde una perspectiva de Dios reaccionando ante mi dolor, ante mi llanto, ante mi sinnúmero de debilidades y carencias. Pude observar a un Padre que no puede, -y repito, no puede quedarse quieto sin hacer nada ante mi sufrimiento y limitaciones, simplemente no puede. De hecho un día me volví al Señor y le dije: — "Ante un corazón arrepentido y dolido que clama por ayuda, no puedes contenerte, si tienes una "debilidad" es esa. Sos el primero que está ahí para rescatarnos y restaurarnos."

Lucas 15:11-32   Nueva Traducción Viviente (NTV)

(Parábola del hijo perdido)

[11] Para ilustrar mejor esa enseñanza, Jesús les contó la siguiente historia: «Un hombre tenía dos hijos. [12] El hijo menor le dijo al padre: "Quiero la parte de mi herencia ahora, antes de que mueras". Entonces el padre accedió a dividir sus bienes entre sus dos hijos.

[13] »Pocos días después, el hijo menor empacó sus pertenencias y se mudó a una tierra distante, donde derrochó todo su dinero en una vida desenfrenada. [14] Al mismo tiempo que se le acabó el dinero, hubo una gran hambruna en todo el país, y él comenzó a morirse de hambre. [15] Convenció a un agricultor local de que lo contratara, y el hombre lo envió al campo para que diera de comer a sus cerdos. [16] El joven llegó a tener tanta hambre que hasta las algarrobas con las que alimentaba a los cerdos le parecían buenas para comer, pero nadie le dio nada.

[17] »Cuando finalmente entró en razón, se dijo a sí mismo: "En casa, hasta los jornaleros tienen comida de sobra, ¡y aquí estoy yo, muriéndome de hambre! [18] Volveré a la casa de mi padre y le diré: 'Padre, he pecado contra el cielo y contra ti. [19] Ya no soy digno de que me llamen tu hijo. Te ruego que me contrates como jornalero'".

[20] »Entonces regresó a la casa de su padre, y cuando

todavía estaba lejos, su padre lo vio llegar. Lleno de amor y de compasión, corrió hacia su hijo, lo abrazó y lo besó. [21] Su hijo le dijo: "Padre, he pecado contra el cielo y contra ti, y ya no soy digno de que me llamen tu hijo".

[22] »Sin embargo, su padre dijo a los sirvientes: "Rápido, traigan la mejor túnica que haya en la casa y vístanlo. Consigan un anillo para su dedo y sandalias para sus pies. [23] Maten el ternero que hemos engordado. Tenemos que celebrar con un banquete, [24] porque este hijo mío estaba muerto y ahora ha vuelto a la vida; estaba perdido y ahora ha sido encontrado". Entonces comenzó la fiesta.

[25] »Mientras tanto, el hijo mayor estaba trabajando en el campo. Cuando regresó, oyó el sonido de música y baile en la casa, [26] y preguntó a uno de los sirvientes qué pasaba. [27] "Tu hermano ha vuelto —le dijo—, y tu padre mató el ternero engordado. Celebramos porque llegó a salvo".

[28] »El hermano mayor se enojó y no quiso entrar. Su padre salió y le suplicó que entrara, [29] pero él respondió: "Todos estos años, he trabajado para ti como un burro y nunca me negué a hacer nada de lo que me pediste. Y en todo ese tiempo, no me diste ni un cabrito para festejar con mis amigos. [30] Sin embargo, cuando este hijo tuyo regresa después de haber derrochado tu dinero en prostitutas, ¡matas el ternero engordado para celebrar!".

31 »Su padre le dijo: "Mira, querido hijo, tú siempre has estado a mi lado y todo lo que tengo es tuyo. 32 Teníamos que celebrar este día feliz. ¡Pues tu hermano estaba muerto y ha vuelto a la vida! ¡Estaba perdido y ahora ha sido encontrado!"».

No se contuvo, el Padre solo sintió el amoroso impulso de abrazarle, amarle, bendecirle... no hubo mesura, solo un desenfrenado amor.

Lucas 15:8-10   Nueva Traducción Viviente (NTV)

(Parábola de la moneda perdida)

8 »O supongamos que una mujer tiene diez monedas de plata y pierde una. ¿No encenderá una lámpara y barrerá toda la casa y buscará con cuidado hasta que la encuentre? 9 Y, cuando la encuentre, llamará a sus amigos y vecinos y les dirá: "¡Alégrense conmigo porque encontré mi moneda perdida!". 10 De la misma manera, hay alegría en presencia de los ángeles de Dios cuando un solo pecador se arrepiente».

No importa cuantas monedas tenga en su manos en ese momento, moverá muebles de un lado hacia otro, encenderá todas las luces, aunque sea de día, no descansará y hará todo por volver a tenerla, simplemente porque es suya y no la dará por extraviada.

(Parábola de la oveja perdida)

[12] »Si un hombre tiene cien ovejas y una de ellas se extravía, ¿qué hará? ¿No dejará las otras noventa y nueve en las colinas y saldrá a buscar la perdida? [13] Si la encuentra, les digo la verdad, se alegrará más por esa que por las noventa y nueve que no se extraviaron. [14] De la misma manera, no es la voluntad de mi Padre celestial que ni siquiera uno de estos pequeñitos perezca.

Tan solo se había perdido el 1% de su rebaño, pero era su oveja que amaba; por esa oveja había arriesgado su vida ante los depredadores, la conocía, sabía su nombre... dar su vida por el 1% de las ovejas cuando el 99% del rebaño estaba seguro... yo lo pensaría mil veces antes de hacerlo, pero Dios no. Él se alegra, se entristece, se enoja, nos quiere con Él compartiendo cada segundo de nuestras vidas.

En un mundo donde hoy en día hay personas dándose golpes en el pecho hablando sobre la equidad, Jesús ya lo enseñó. ¿Recuerdan la parábola de los trabajadores del viñedo?

Mateo 20:1-16   Nueva Traducción Viviente (NTV)

(Parábola de los trabajadores del viñedo)

»El reino del cielo es como un propietario que salió temprano por la mañana con el fin de contratar trabajadores para su viñedo. 2 Acordó pagar el salario normal de un día de trabajo y los envió a trabajar.

3 »A las nueve de la mañana, cuando pasaba por la plaza, vio a algunas personas que estaban allí sin hacer nada. 4 Entonces las contrató y les dijo que, al final del día, les pagaría lo que fuera justo. 5 Así que fueron a trabajar al viñedo. El propietario hizo lo mismo al mediodía y a las tres de la tarde.

6 »A las cinco de la tarde, se encontraba nuevamente en la ciudad y vio a otros que estaban allí. Les preguntó: "¿Por qué ustedes no trabajaron hoy?".

7 »Ellos contestaron: "Porque nadie nos contrató".

»El propietario les dijo: "Entonces vayan y únanse a los otros en mi viñedo".

8 »Aquella noche, le dijo al capataz que llamara a los trabajadores y les pagara, comenzando por los últimos que había contratado. 9 Cuando recibieron su paga los que habían sido contratados a las cinco de la tarde, cada uno recibió el salario por una jornada completa. 10 Cuando los que habían sido contratados primero llegaron a recibir su paga, supusieron que recibirían más; pero a ellos también se les pagó el

salario de un día. [11] Cuando recibieron la paga, protestaron contra el propietario: [12] "Aquellos trabajaron solo una hora, sin embargo, se les ha pagado lo mismo que a nosotros, que trabajamos todo el día bajo el intenso calor".

[13] »Él le respondió a uno de ellos: "Amigo, ¡no he sido injusto! ¿Acaso tú no acordaste conmigo que trabajarías todo el día por el salario acostumbrado? [14] Toma tu dinero y vete. Quise pagarle a este último trabajador lo mismo que a ti. [15] ¿Acaso es contra la ley que yo haga lo que quiero con mi dinero? ¿Te pones celoso porque soy bondadoso con otros?".

[16] »Así que los que ahora son últimos, ese día serán los primeros, y los primeros serán los últimos.

Yo la pasé desapercibida por mucho tiempo, porque no le encontré mayor relevancia, pero ahora noto que el amor y la misericordia de nuestro Padre lo hacen actuar con equidad para todos. Nuestras actitudes, carencias y debilidades lo moverán a bendecirnos de una forma que ante los ojos de las personas puede ser injusta. Dios observó a los trabajadores con menor capacidad, conocía sus limitaciones y necesidades. Me imagino a estos trabajadores humildes, probablemente ya habían pasado por un sinnúmero de situaciones donde no eran contratados; seguro esperaban que ese día se repitiera la misma historia; regresar a sus casas con los bolsillos vacíos, sin nada para alimentar a los suyos. Aún así, esperaron hora tras hora, para que alguien les diera trabajo. Transcurría el tiempo observando como otras personas eran contratadas y podrían llevar sustento a sus hogares, pero ellos no, no eran contratados. No reclamaron, no vociferaron contra Dios ni contra nadie; solo se mantuvieron ahí, con la esperanza de alguien tuviera un poco de misericordia en contratarlos y aunque sea poder tener lo suficiente, comprar un pedazo de pan para compartir en su casa con su esposa e hijos hambrientos. Ya eran las 5 de la tarde; tal vez algunos ya se habían ido y hasta probablemente alguien les habría sugerido que se fueran, que no perdieran el tiempo, que en todo caso por las horas que trabajarían no ganarían lo suficiente; y no hicieron caso a esas palabras, se mantuvieron en su lugar, esperando sin reclamar ni explotar de ira contra Dios y sus semejantes.

Eran las 5 de la tarde, probablemente la angustia y la preocupación se asomaban con fuerza. Seguro se imaginaban llegando a casa con las manos y bolsillos vacíos, con el sentimiento de fracaso cubriendo todo su ser. Ya eran las 5 de la tarde, llegó el dueño de la viña; tal vez, en ese momento ya no tenían ninguna esperanza, pero el dueño de la viña llegó. No sé qué habrá pasado por sus mentes, me pongo en sus lugares y yo hubiera tenido una mezcla de pensamientos como: ¿para qué viene?, ¿nos buscará?, ¿se habrá equivocado?... ¿Será que me contratará y llevaré algo de comer a mi casa? Pero si no me llevó antes porque no me creyó capacitado, ¿para qué viene? ¿Será que contrata a Samuel y a mí no?

Pero el Patrón no dejó a nadie sin contratar, y consciente de las necesidades de cada uno (físicas y emocionales), a todos les pagó lo mismo, porque sabía de las carencias y necesidades de cada quien. Él vio la actitud de los trabajadores que se quedaron esperando hasta las 5, se quedaron sin reclamar, se quedaron ahí porque tenían necesidad. El amor y la misericordia llevaron al dueño de la viña a ser equitativo.

¡Todos los trabajadores que llegaron al lugar de encuentro y se mantuvieron ahí fueron contratados! Ni uno regresó a la casa sin su pago, y aún los que trabajaron menos horas recibieron el salario de un día completo de trabajo. Los que probablemente se imaginaban llegando a sus casas sin nada, llegaron a sus hogares con una sonrisa en sus labios; llevaron el alimento que su familia precisaba, y tal vez, hasta con unas sandalias que alguien de la familia necesitaba.

Esa noche los trabajadores de las 5 durmieron en paz, esperando el amanecer de otro día, un día que iniciarían con nueva esperanza, probablemente anhelando ser contratados por la misma persona, el mismo que les habría marcado sus vidas para siempre, y con quien estarían eternamente agradecidos. Ese Patrón no solo les dio lo suficiente para suplir las necesidades físicas, sanó sus almas, les enseñó que para Él son valiosos, no por sus aptitudes, sino porque simplemente les ama y quiere bendecirles. No hay duda alguna, mi Dios es vulnerable, mi Dios es equitativo, mi Dios es amor.

Dios, ¿dónde estás?
¡Padre, ya no te siento!

Salmo 10:1   Nueva Traducción Viviente (NTV)

" Oh SEÑOR, ¿por qué permaneces tan distante? ¿Por qué te escondes cuando estoy en apuros? "

Viernes 2 de agosto, 2019.

Padre, han sido varios años donde día a día te he sentido, cada vez con mayor intensidad. He disfrutado de la persona que eres, he crecido y me he realizado conociéndote. Tener una relación contigo ha sido lo mejor que me ha sucedido; tu amor, tu misericordia, tu sonrisa, todo lo he sentido, lo he vivido. Despertar y saber que has cuidado de mí y que me acompañas en todo momento ha sido maravilloso. He visto tus planes cumpliéndose en mí, me has mostrado y enseñado cómo tienes todo bajo tu control para que yo viva en paz; y hoy no puedo imaginar mi vida sin ti.

Un día desperté, y no te percibía; han pasado días, semanas y no te siento. Me he encontrado abatido, confundido... ¿por qué no me dejas sentirte si yo te anhelo? Busco tu rostro pero no lo encuentro, sé que estás observándome y guardándome, pero no te advierto. Ese calor, ese abrazo tuyo rodeando mi ser mientras corro, ya no lo experimento. Sé que no me has abandonado, pero no te siento.

Aunque no te sienta, te buscaré; aunque apenas alcance a reconocer tu silueta en el horizonte, correré hacia a ti, no me rendiré hasta volver a palparte, y aunque confío en que tu bien y misericordia me siguen todos los días, te seguiré buscando; alzaré mi mirada a cada momento para buscar tu rostro, para apreciarte a través de todo lo que has creado.

Padre, tengo sed de ti, te necesito, amo estar contigo, pero no te siento. Te notaba en cada instante de mi día, sabía que sonreías conmigo y me dabas palmadas en la espalda, pero ya no... me noto vacío e incompleto sin ti. Sé que me amas, pero ¿por qué no te siento? Tomado de tu mano he crecido, y me has dado regalos maravillosos, y en el horizonte aún observo tus planes cumpliéndose en mí, bendiciones que quiero disfrutar contigo, pero no te siento.

¿Qué quieres de mí? Aprendí a no temer a los desiertos porque tú estarás siempre cuidándome, pero nunca imaginé no sentirte, nunca creí que no experimentaría tu presencia, tu amor, el escucharte. Sí, he tenido miedo de no volver a percibir tu calor; soy tu hijo, y sé que envías a tus ángeles a cuidarme, pero te necesito a ti mi Dios. Padre, por favor, vuelve tu rostro hacia mí, mírame y déjame volver al calor de tu amor y bondad.

Domingo 4 de agosto, 2019
No imaginaba que hoy estaría escribiendo sobre lo del pasado viernes, no me pasaba por la mente,
que habría un "continuará".

En la comunidad de fe en que asisto, inició una campaña con el nombre "¿Para qué estoy aquí en la Tierra?", y en uno de los devocionales se revisaba el tema "Cuando Dios nos parece distante". Precisamente lo que me estaba sucediendo, e indicaba ejemplos donde varios personajes de la Biblia habían manifestado sentir la ausencia de Dios. Aunque comprendí que eran maneras que Dios usaba para formarnos, más de eso no me quedó claro nada; simplemente, no podía sentir a la persona más importante en mi vida, mi Padre.

Desperté como tantos domingos, y me fui a correr. Levanté mi mirada al cielo y dije, "Dios, no te siento, pero te seguiré buscando"; a ti deseo aferrarme y no soltarte. Así que corrí, no sintiendo esa compañía suya a mi lado, rodeándome; de hecho me sentía corriendo solo... era hermoso sentirme acompañado por mi Padre.

Mi familia y yo nos preparamos para ir al culto, y soy sincero, tenía una motivación adicional, porque quien impartiría el mensaje es una periodista, que cuando fue directora de noticias de una emisora de radio, procuraba no perder sus programas y entrevistas; así que tenía mucha expectativa sobre el mensaje que daría. Ya durante la celebración del culto en el periodo de cantos de alabanza y adoración, comencé a sentir a mi Dios; fue como si poco a poco un hilo de agua se fuera convirtiendo en una gran cascada inundando mi ser. Mis lagrimas no dejaban de salir, y hasta por momentos se me quebraba la voz al cantar, fue como un gran reencuentro con mi Padre, hasta le pude escuchar decirme "Te amo", fueron unos minutos maravillosos, ¡grandiosos!

Mientras, comenzaba a sentir nuevamente a mi Padre, su presencia, su amor; luego de escucharle decirme "te amo", comprendí que yo le amo porque el me amó primero; que no le amaría si no fuera porque Él me amó primero; que el amor que siento hacia mi Dios es consecuencia de que Él me demuestra su amor a diario. Comprendí que la relación que tenemos, y el amor con que me cubre y llena no son consecuencia de virtudes o cualidades que yo crea que puedo tener, sino simplemente porque Dios lo desea así; simplemente porque anhela tenerme cerca para amarme.

Hoy soy consciente de lo importante que es mi Padre, que lo necesito como a nadie, y no por el deseo de ser bendecido con cosas o logros que puedan enaltecer mi ego, sino por la simple razón que junto a Él, recostado a su pecho, me siento feliz, me siento en paz. Estoy a pocas semanas de iniciar una nueva etapa en mi vida, un regalo que Dios me ha dado, y no podía imaginar abrir ese obsequio sin Él a mi lado; pensar que llegara ese momento sin Dios presente me hacía sentir triste y nostálgico.

Dios es bueno y fiel, y como se mencionó durante el mensaje de hoy, Él nos refina como a la plata; y así logra lo mejor de cada persona, y nos hace parecernos más a Jesús.

Brazos abiertos

Lucas 15:20

" y él se levantó y vino a su padre. Pera mientras aún estaba muy lejos, su Padre lo vio y sintió compasión, corrió, lo besó y lo abrazó."

(Versión libre)[21]

Hace unas semanas, durante los quehaceres cotidianos, se me vino a la mente una imagen de Dios con los brazos y palmas abiertas, imagen que me quedó tatuada en todo mi ser. Quedé inquieto y pensativo; me dije a mí mismo: "mi Dios es un Dios con los brazos abiertos". Así que durante varios días, pero sin afán, comencé a buscar versículos que específicamente describieran a Dios con los brazos abiertos, pero no los encontré y le pregunté a Dios — "¿Qué me quieres enseñar, será que solo me lo imaginé?" Así que continué meditando sobre mi Dios con los brazos abiertos. En esos días fui con mi esposa a una actividad de la comunidad de fe a la que asistimos, y en uno de los cantos del periodo de alabanza y adoración mencionaba a Dios con

---

[21] Tomado de https://www.devocionalescristianos.org/2017/01/versiculos-biblicos-alentadores-sobre-brazos-dios.html

los brazos abiertos, y pensé "entonces mi Padre sí me está hablando, no me lo imaginé".

Mientras continuaba buscando por Internet sobre versículos de Dios con los brazos abiertos, no encontré ninguno en especial, pero sí muchos donde se mostraban acciones de amor de nuestro Padre que nos ama con locura. También encontré en la web que el gesto que describo, es un tipo de gesto que denota dulzura y receptividad.

Pasaron varias semanas tratando de asimilar con mi mente un gesto que para comprenderlo no se necesita conocimiento intelectual. Nuevamente (— Dios, perdona lo testarudo!) estaba tratando de comprender con el intelecto, algo que se asimila viviéndolo, sintiéndolo y conviviendo con Él.

Cuando estoy con los brazos abiertos, es para abrazar y transmitir amor. También he abierto mis brazos para recibir el cariño de otras personas, y muchas otras veces los he abierto como una forma de mostrar todo lo que soy a mi Dios, mi Padre; por lo tanto, creo que una acción de abrir los brazos puede ser para dar como para recibir.

De niño y adolescente, asistí a seminarios maravillosos sobre Sanidad Interior, con el simple objetivo de conocer a Dios; traté por muchos años de entender con el intelecto lo que solo se comprende con el corazón. El intelecto solo me da palabras con significados simples, pero sentirlo en el corazón me hizo vivir, saborear, entender con el corazón; es toda una aventura que en ocasiones nos puede dar miedo experimentar por situaciones difíciles que hemos pasado, pero Dios no decepciona.

Toda esta aventura que he vivido con Dios desde el año 2015, me ha enseñado que Dios siempre está con los brazos abiertos dispuesto a darnos su amor, queriendo que corramos hacia él para tirarnos encima suyo. Cuando he estado triste y he llorado, Él me ha mirado, con sus brazos abiertos para que lo busque y me consuele. Cuando "debí" haber estado triste, Él abrió sus brazos y me brindó alegría. Cuando todos, y enfatizo, *todos* mis planes se derrumbaron, el Padre extendió sus brazos para hacerse notar y que le viera, como diciendo — "hey, hey!, mírame, acá estoy, ven a mí, refúgiate en mí, quiero consolarte, quiero amarte!", y enseñarme que tan solo era la oportunidad para iniciar *sus* planes en mi vida.

Creo firmemente que nuestro Dios siempre está con sus brazos abiertos dispuesto a darnos no solo lo mejor de Él, sino ¡todo de Él!, estoy seguro que nuestro Padre no desea reservarse nada. Siempre está con sus brazos abiertos mostrándose tal y como es Él, sin nada que esconder, nada que retacear, dispuesto a darnos todo su amor, a tal punto de dar su vida por nosotros.

Como en la parábola del Hijo Pródigo[22], - uno de mis pasajes preferidos, en Lucas 15:20, para mí hay cuatro acciones que engloban cuánto nos ama: corrió hacia el hijo, abrió sus brazos para recibir al hijo y sentirlo por completo, le abrazó y besó... eso es amor, es la garantía de siempre tener a un Padre que es Dios, con los brazos abiertos, dispuesto a abrazarnos y a besarnos.

---

[22] (Lucas 15:11-32, ver pág 169)

Esperar

Salmo 27: 13-14   Nueva Traducción Viviente (NTV)

"Sin embargo, yo confío en que veré la bondad del Señor mientras estoy aquí, en la tierra de los vivientes. Espera con paciencia al Señor; sé valiente y esforzado; sí, espera al Señor con paciencia."

Una de las definiciones que encontré de "esperar", es: *"la esperanza de poder conseguir lo que se desea, o creer que algo sucederá."* También un día escuché a alguien decir, *"la esperanza que se ve no es esperanza."* (del Apóstol Pablo, Romanos 8:24)

Se cita en el Nuevo Testamento que uno de los frutos de alguien que se relaciona y busca honrar al Padre es la paciencia, y en ocasiones de verdad nos puede costar mucho ser pacientes, más si estamos pasando por una situación adversa. Y puede ser aún más difícil si no creemos o confiamos en la persona de Dios, nuestro Padre.

Recuerdo muy bien un mensaje que dio un amigo en el grupo de jóvenes de la comunidad de fe de la que formábamos parte. Fue hace más de 20 años, (Mau Rojas, si algún día lees esto, esa tarde fue maravillosa, un claro y pequeño ejemplo de la forma tan hermosa que puedes servir a Dios y ayudar a otras personas) pero lo tengo tatuado en mi mente como su hubiera sido ayer. Él hacía referencia a una analogía de un grano de arena en la playa, versus el agua de una tormenta que inundaba la costa. El agua de la inundación creía que había sometido al grano de arena, que había rebasado los límites que Dios le había puesto, pero el grano de arena sumergido decía "yo confío en Dios, creo en su palabra que puso los límites al mar, así que yo sé que retrocederás, esto es pasajero, la palabra de Dios te puso un límite y tienes que obedecer. Y así es, y así ha sucedido, el agua de la tormenta obedece y retrocede.

También recuerdo hace pocos años, cuando después de estar meditando durante semanas acerca de confiar en Dios, en la comunidad de fe de la que somos parte, un amigo consejero da un mensaje, sobre "No solo creer en Dios, sino creerle a Él"... fue la confirmación y aclaración de lo que había estado meditando, como algunas personas dicen: "la cereza en el pastel".

Ahora pienso, ¡qué difícil puede ser esperar y tener esperanza en Dios si no creemos en Él como persona!, pero también, ¿cómo poder confiar en Él si no hemos tenido el interés en conocerle y desarrollar una relación con Dios? Las experiencias que hayamos tenido durante nuestras vidas nos pueden llevar a sentir desconfianza hacia Él, o simplemente creer que no necesitamos involucrarlo en nuestro diario vivir porque somos autosuficientes; actitudes que durante gran parte de mi vida he tenido, mismas que he procurado cambiar por dependencia hacia el Padre.

Tenemos que aprender a esperar con tranquilidad, confiando en Él, tratar de no ver las situaciones que podríamos sentir como adversas, y sí mirar a Jesus, no quitar la mirada de Él. Mientras caminamos, hagámoslo observándolo a Él, dándole gracias, alabando y adorando a nuestro Dios porque tiene el control de todo, y todo lo que suceda será para nuestro bien.

Un domingo la pastora de la comunidad dio un mensaje sobre la paz que podemos tener si aprendemos a confiar en Dios viviendo por fe. Luego del culto, mientras manejaba, mi esposa me comentó que pensaba que el mensaje podría mal interpretarse y que la gente podría hacer imprudencias creyendo que estaban actuando por fe. Por lo que le respondí lo siguiente: — "Tenemos que aprender a relacionarnos con Dios y confiar en Él. Que Él sea el centro de nuestras vidas... cuando eso sucede, es como estar en sintonía con Dios, y todo comienza a fluir de una forma distinta. Comenzamos a orar para hacer su voluntad y no la nuestra. Hay una frase que me gusta mucho que dice que la paciencia es la habilidad de poder esperar con una buena actitud."

"Te pongo el ejemplo de la parábola de los trabajadores de las 5 (de la cual también escribí)... esos trabajadores probablemente no era la primera vez que esperaban hasta el final del día para que los contrataran, seguro no habían trabajado por varios días. Si no se veían aptos durante ese día para haberlos contratado horas antes, estoy seguro que no tenían mayores cualidades a la vista de las personas, pero ellos esperaron por horas, seguro hasta fueron objeto de burlas y en todo ese tiempo no mostraron enojo, no hablaron con cólera hacia nadie, esperaron hasta que ya parecía que no había esperanza; pero el patrón llegó, y al ver la necesidad de ellos los contrató, y pagó como si hubieran trabajado todo el día. Mi esposa me preguntó, — "¿Y si no hubiera llegado?"... a lo que respondí — "Ahí está el detalle, Dios siempre llega a tiempo."

Puede no ser fácil, pero estoy seguro que si ponemos a Dios en el centro de nuestro "universo", y nos decidimos a conocerle íntimamente y ser conscientes de las bendiciones que tenemos y nos rodean, podremos esperar confiadamente, creyendo en nuestro Padre como niños y niñas.

Mi carta al Padre...
estoy conociéndote

Dios, mi Padre, me gusta meditar sobre tí, es agradable mirar atrás y ver tu mano sobre mí en distintos momentos y etapas de mi vida. Miro al pasado y veo que tu gracia siempre ha estado para mí, sin miramientos , sin contemplaciones... has derramado tu amor, me has levantado sobre tus hombros, me has reconfortado con tu abrazo, me has dado paz y alegría en momentos donde no veía luz; sí mi Dios, te he conocido en la tristeza, la alegría, en etapas oscuras, grises y llenas de luz, reconozco que siempre has estado ahí, presto para mí.

Por muchos años quise estudiarte para poder comprenderte y conocerte, y no lo logré, pero ahora que en los últimos tiempos he convivido contigo, puedo contarle a la gente durante horas la maravillosa persona que eres. Me enseñaste que con mi limitado entendimiento nunca tendré la capacidad de conocerte y comprenderte, pero que sí me diste un alma y emociones para poder vivir con plenitud, y con esas mismas herramientas que me brindaste puedo sentirte, exponerme a tí, de persona a persona para que me puedas transformar a tu imagen.

Aprendí que relacionándome contigo es como puedo conocer la persona que eres, aprender de tus enseñanzas, pude comprender que como persona perfecta que eres, ¡sos auténtico y vulnerable! (nunca olvidaré esa maravillosa mañana mientras corría)... Al conocerte he aprendido a confiar en tí como en nadie lo he hecho. Y por cierto, cómo me costó dar ese paso, de creer en tí a creerte a tí.

Me da risa cómo hace pocos años, ante las dificultades, me golpeaba el pecho como gesto de reclamo, y te pedía cuentas... Ahora procuro dirigir mi mirada hacia a tí, reconocer mis limitaciones, agradecerte por lo que me das, confesar con mi boca que confío en ti, y hablarte pidiéndote discernimiento para poder reconocer el camino que has hecho para mí, que sé que será de bendición para mí y mi familia.

Ahora comprendo a tus siervos como David, Moisés, que temían tomar decisiones por sí mismos, y preferían esperar tu guianza para poder actuar según tu voluntad. Ya no me desespero, al fín aprendí a confiar en tí y ser paciente para que me sorprendas; y Padre, te lo pido, sorpréndeme durante el resto de mi vida.

Señor, te soy sincero, aún hay cosas que no comprendo, soy consciente que con todo mi esfuerzo no podré ver más allá de mi nariz, pero al fin comprendí que la vida, más que poder entenderla, la obsequiaste para que la viviéramos con intensidad, siendo tú el centro de nuestro mundo.

Viviendo es como realmente he aprendido, procurando ser auténtico y vulnerable, y sintiendo es como he logrado caminar junto a ti. Sé que si por alguna razón se me imposibilita dar un paso, o me caigo, estarás ahí con tu inagotable paciencia y tu omnipresente e invencible amor, ayudándome, guiándome, sanándome, cuidando de mí en todo momento.
Mi Dios, te anhelo más que nada; que tu presencia siempre sea mi riqueza, porque si te tengo a tí, tengo todo.

Te ama,
Rodolfo A.

Chorro de agua

Éxodo 17:5-6   Palabra de Dios para Todos (PDT)

El Señor le dijo a Moisés:
"Pasa delante del pueblo y hazte acompañar de algunos ancianos líderes de Israel. Lleva en tu mano el bastón que usaste para golpear el Nilo y ve. [6] Yo me voy a colocar frente a ti, sobre la roca que está en Horeb. Cuando golpees la roca, saldrá agua de ella para que beba el pueblo."

Recuerdo que cuando era niño, salía a jugar con amigos del vecindario, ya fuera a andar en bicicleta, jugar fútbol, a las escondidas, entre otros juegos que requerían bastante actividad física. En muchas ocasiones, para recuperar fuerzas pasábamos por alguna de nuestras casas, y si la manguera que se usaba para regar el jardín estaba conectada al tubo, lo abríamos, nos echábamos ese chorro de agua sobre nuestras cabezas para refrescarnos, y tomábamos agua de la manguera. Era una sensación sumamente deliciosa y refrescante. Sentíamos que recuperábamos energía y continuábamos disfrutando del día.

Soy sincero, tengo varios meses donde he estado incómodo por situaciones en el campo laboral y profesional, que a mi poca visión, no les encuentro mayor sentido y me he sentido confundido, y por momentos desmotivado. Un día, Dios me habló por medio de un versículo parafraseado que compartieron en un chat y empezaba así "Estas en el camino correcto..." era lo que exactamente precisaba saber, llevaba días preguntando a Dios si estaba en el camino correcto; necesitaba saberlo, y me respondió mientras esperaba que la luz roja de un semáforo cambiara a verde. Tras de eso, estaciono, mientras esperaba que mi hijo Esteban saliera de unas clases, y observo una muy bella pintura sobre Pedro, cuando se hundía en el agua en medio de la tormenta, y Jesús rescatándolo.

Así que he tenido que ver lo bueno, adaptarme a los cambios y agradecer porque Dios hace un tiempo atrás, de una forma milagrosa me abrió puertas en esa compañía y fue una herramienta que usó para hacerme mejor persona y profesional. Así que sigo orando para poder andar el camino que ha trazado para mí, y poder hacer su voluntad y no la mía.

Pero en medio de todo, recibo la grata noticia de que una editorial quiere publicar los pensamientos y experiencias que he escrito desde hace varios años. Casi de inmediato lo asocié a esa deliciosa sensación que experimentaba cuando niño; fue un chorro de agua en medio del desierto. El Padre nunca nos desampara, ese día solo daba gracias a mi Dios, me mostró una vez más lo que valgo para Él.

Así como Dios cuidó a Israel en el desierto, dándoles alimentos y agua todos los días, sombra durante el día, y calor por las noches, así cuida de todas las personas... si nos dejamos cuidar. Su presencia siempre estará rodeándonos, y su amor a nuestro alcance. Para mí, fue ese chorro de agua que me sigue motivando, no sé cuándo llegaré a mi destino, pero mientras espero, doy gracias porque mi Dios continúa formándome, y esperaré sin reclamar y con actitud de agradecimiento.

¡Que me juzgue Dios!

2 Samuel 24: 14   Nueva Traducción Viviente (NTV)

¡Estoy en una situación desesperada! —le respondió David a Gad—. Mejor que caigamos nosotros en las manos del Señor, porque su misericordia es grande, y que no caiga yo en manos humanas.

Recuerdo la primera vez que escuché ese versículo, pensé… "qué David más atrevido y arriesgado, someterse al juicio de Dios… ¡yo no lo haría!, me da miedo que me castigue y no lo pueda soportar. Si prácticamente peco todos los días, de seguro no me iría nada bien". Probablemente pensé así porque que en mis inicios en el evangelio la faceta del Dios que me mostraron fue la de un guerrero inquebrantable, un juez que constantemente me estaba vigilando; y ese fue el Dios que me limité en conocer por muchos años.

Hoy 26 de mayo del año 2019, y hace casi 2 años que no entendía la expresión de David, — "Que me juzgue Dios!", y les soy sincero, no la entendí, la viví, la sentí, no hay mejor forma de descubrir algo que viviéndolo, sintiéndolo, y desde ese momento, con una frecuencia casi diaria, clamo desde el fondo de mi ser diciendo, "que me juzgue Dios!"

Hace varios años hice algo que fue contra todos mis principios y creencias, una acción que me marcó para toda mi vida. Pasé años donde ese pecado me carcomía por dentro, no me dejaba en paz. Recuerdan cuando Jesús estaba en el desierto fortaleciéndose en el Señor, el diablo lo atacó con textos del Antiguo Testamento, pero Cristo no le escuchó y más bien le apartó de Él usando las Escrituras. Sucedió algo similar conmigo, el enemigo me atacó usando las Escrituras, y lo escuché; desde ese momento ese sentimiento de culpa sentí como creció y se arraigó más en mí. Al momento de escuchar ese versículo lloré, me pregunté a mí mismo, "qué hice?, perdóname Dios". El tiempo y los años pasaban, pero el peso de mi pecado cada vez se hacía pesado, ya no sentía fuerzas para llevar esa carga. Tal vez se preguntarán, "¿por qué no habló con alguien para que le ayude?", y sí lo había hecho, pero tampoco podía darme la libertad de hablarlo con cualquier persona porque sé que sería juzgado, señalado y tal vez hasta visto como indigno de la misericordia del Padre.

Un día decidí asistir a cita con un amigo consejero, pero antes le compartí mis inquietudes, ya que él era una de las pocas personas que estuvieron a mi lado en aquel tiempo, y me sugirió que antes de ir con él visitara a una persona a quien Dios usaba hablándole a las personas, así que le hice caso. Cuando fui a la cita, y en relación a lo que me estaba carcomiendo, me hizo notar que Dios no mencionó en ningún momento mi pecado; la razón: Él no lo recuerda.

Salí en paz, y conforme asimilaba lo que conversamos, fui consciente de que la misericordia de Dios me había alcanzado; no más sentimiento de culpa, me sentía libre después de tantos años de llevar una carga insoportable. Había vivido en carne propia que era ser juzgado por Dios, mi Padre. No lo entendí, lo viví, sí, lo viví, al fin comprendí por qué David prefirió ser juzgado por el Señor, él conocía del amor y la misericordia de Dios.

Juan 8:1-11   Nueva Traducción Viviente (NTV)

[1] Jesús regresó al monte de los Olivos, [2] pero muy temprano a la mañana siguiente, estaba de vuelta en el templo. Pronto se juntó una multitud, y él se sentó a enseñarles. [3] Mientras hablaba, los maestros de la ley religiosa y los fariseos le llevaron a una mujer que había sido sorprendida en el acto de adulterio; la pusieron en medio de la multitud.

[4] «Maestro —le dijeron a Jesús—, esta mujer fue sorprendida en el acto de adulterio. [5] La ley de Moisés manda apedrearla; ¿tú qué dices?».

[6] Intentaban tenderle una trampa para que dijera algo que pudieran usar en su contra, pero Jesús se inclinó y escribió con el dedo en el polvo. [7] Como ellos seguían exigiéndole una respuesta, él se incorporó nuevamente y les dijo: «¡Muy bien, pero el que nunca haya pecado que tire la primera piedra!». [8] Luego volvió a inclinarse y siguió escribiendo en el polvo.

[9] Al oír eso, los acusadores se fueron retirando uno tras otro, comenzando por los de más edad, hasta que quedaron solo Jesús y la mujer en medio de la multitud. [10] Entonces Jesús se incorporó de nuevo y le dijo a la mujer:

—¿Dónde están los que te acusaban? ¿Ni uno de ellos te condenó?

[11] —Ni uno, Señor —dijo ella.

—Yo tampoco —le dijo Jesús—. Vete y no peques más.

En este relato hay un claro ejemplo de los hombres queriendo tomar la ley en sus manos; se muestran totalmente inmisericordes, anhelando hacer cumplir la ley a toda costa contra una mujer que fue sorprendida cometiendo adulterio. Pero apareció Jesús, ¿casualidad? No lo creo. Jesús, Dios, la protegió. Su amor y misericordia lo movieron a enfrentarse a una multitud enardecida, personas que ya habían dictado sentencia de muerte, pero Jesús cuidó de esa persona; Dios le perdonó, sí, su misericordia le alcanzó y le dijo: "¿Dónde están los que te acusaban? ¿Ni uno de ellos te condenó? Ni uno, Señor —dijo ella.—Yo tampoco —le dijo Jesús—. Vete y no peques más."... eso sí es amor.

Haber sido juzgado por el Creador, para mí, fue una preciosa experiencia de amor; ahora casi todos los días repito, "que me juzgue Dios!", y simultáneamente pienso, en que David tenía razón. Sé que el Padre me ama con locura, y lo sé porque lo vivo, así lo siento en mi ser, y así lo he atestiguado.

Las personas podemos ser crueles, ligeras para juzgar y señalar, pero mi Dios, mi Padre, no. Él es amor, y nada puede apartarnos de su amor... por eso grito "que me juzgue Dios, mi Padre!"

Adiós a la culpa

Lucas 5:8   Nueva Traducción Viviente (NTV)

Cuando Simón Pedro se dio cuenta de lo que había sucedido, cayó de rodillas delante de Jesús y le dijo:
—Señor, por favor, aléjate de mí, soy demasiado pecador para estar cerca de ti.

1 Pedro 2:24a   Nueva Traducción Viviente (NTV)

24 Él mismo cargó nuestros pecados sobre su cuerpo en la cruz para que nosotros podamos estar muertos al pecado y vivir para lo que es recto...

Un día leí un pensamiento de alguien sobre lo que puede costar perdonarse a sí mismo por errores. En lo que escribió se denotaba dolor y autocastigo, pero a la vez hacía referencia al amor y la misericordia de Dios. Y aunque reconocía que sus acciones pasadas tenían consecuencias con las que aún tenía que lidiar, la gracia de Dios le reconfortaba y motivaba a salir adelante.

Me sentí completamente identificado con esta persona, porque por varios años llevé una carga de culpa. Día tras día, mes tras mes, año tras año se hacía cada vez más pesada. Había pedido perdón a Dios, pero la culpa continuaba; no me la podía quitar de encima, y ya no soportaba más, por momentos me sentía morir.

En ocasiones hasta dudaba de que mi Padre me hubiera perdonado, muchas veces no quería ni recordar lo sucedido porque me sentía avergonzado delante de Dios.

Pero cuando fui donde mi amigo consejero, él me ayudó a comprender que el amor y la misericordia del Padre van más allá de la ley y nos liberan y restauran para poder crecer y caminar junto a Él.

Nuestro Dios y Padre siempre está con sus brazos abiertos, presto a recibirnos sin juzgarnos. Puede ser que muchas veces tengamos vergüenza, que no nos sintamos merecedores de Él, pero saben algo, sí lo somos, y es así porque así lo desea Él, es así porque desde que nos pensó fue con la intención de que tuviéramos una relación íntima para inundarnos de su amor. Así como en la parábola del hijo pródigo, el Padre no lo estaba esperando con una vara o un látigo[23] para castigar al hijo por su mal comportamiento, así sucede con todos nosotros, solo está esperando que regresemos a casa para darse por completo a cada hija o hijo que decida buscarlo con arrepentimiento.

---

[23] En otros países, chilillo -Costa Rica, Honduras, Nicaragua- , rebenque –Argentina-...

Versiones de la Biblia usadas en este libro

(en orden de uso)

Nueva Traducción Viviente (NTV)
La *Santa Biblia,* Nueva Traducción Viviente, © Tyndale House
Foundation, 2010. Todos los derechos reservados.

Reina-Valera 1960 (RVR1960)
Versión Reina-Valera 1960 © Sociedades Bíblicas en América
Latina, 1960. Renovado © Sociedades Bíblicas Unidas, 1988.

Reina-Valera Actualizada (RVA-2015)
Version Reina Valera Actualizada, Copyright © 2015 by
Editorial Mundo Hispano

Traducción en lenguaje actual (TLA)
Copyright © 2000 by United Bible Societies

Santa Biblia, NUEVA VERSIÓN INTERNACIONAL® NVI® ©
1999, 2015 por Biblica, Inc.®, Inc.® Usado con permiso de Biblica,
Inc.® Reservados todos los derechos en todo el mundo. Used by
permission. All rights reserved worldwide.

Palabra de Dios para Todos (PDT)
© 2005, 2008, 2012 Centro Mundial de Traducción de La Biblia ©
2005, 2008, 2012 World Bible Translation Center

Nuestro agradecimiento a las casas editoriales.

Por: Rodolfo Antonio Mora Murillo Mov. +506 8711 6577
E mail: ramora241275@gmail.com

www.ingramcontent.com/pod-product-compliance
Lightning Source LLC
Chambersburg PA
CBHW050919220726
PP18604600001B/23